DR. STEPHANIE FREUNDNER-HAGESTEDT · INKEN HAGESTEDT

Glutenfreie Rezepte aus aller Welt

Neue internationale Gerichte
Mit vegetarischer und nicht-vegetarischer Variante

Empfohlen von der Deutschen Zöliakie-Gesellschaft (DZG)

schlütersche

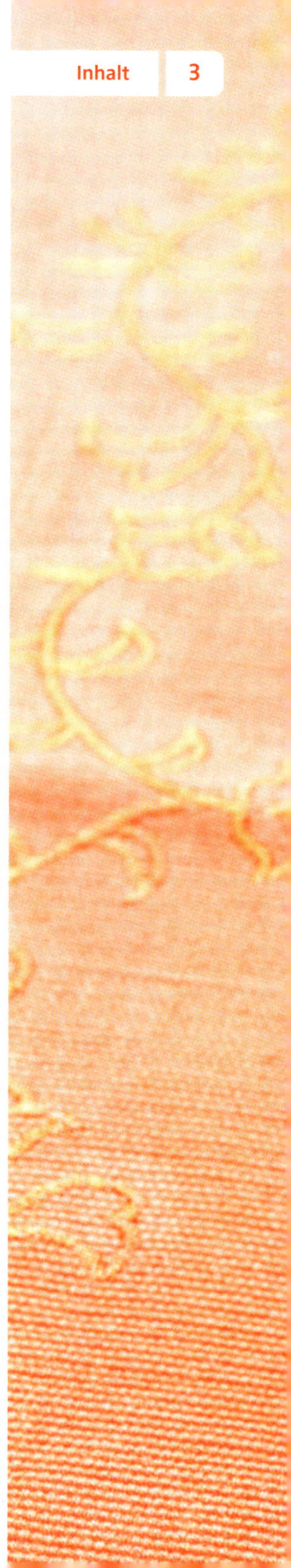

VORWORT

Liebe Leserin, lieber Leser,

für viele Menschen ist Essen nicht mehr als eine notwendige Pflicht. Schnell kaufen und schnell verzehren lautet immer öfter die Devise. Während des Essens wird oft weiter gearbeitet, gesimst oder im Internet gesurft. Auf Feiern isst man häufig zu viel und traut sich danach nur mit einem schlechten Gewissen auf die Waage. Ab und zu wiederum will man etwas ganz Besonderes speisen. Manchmal soll es dann auch ganz exotisch sein, um zu zeigen, wie modern man ist und dass man über „Lifestyle“ verfügt.

Welchen Stellenwert Essen und Trinken haben können, erfährt man oftmals erst, wenn man aus gesundheitlichen Gründen nicht mehr so weitermachen kann wie bisher. Nicht wenige empfinden dann die Notwendigkeit, sich anders zu ernähren als die meisten Menschen um sie herum, als große Belastung und eine wesentliche Einschränkung ihrer Lebensqualität. Dies gilt für Menschen, die sich vor der Diagnose einer Krankheit ganz normal ernährt haben, ebenso wie für Menschen, die von Kindheit an eine Diät einhalten müssen und den Geschmack „normalen“ Essens gar nicht kennen.

Nach der Diagnose einer Erkrankung dauert es meist einige Zeit, bis man sich mit der Situation einigermaßen arrangiert und gelernt hat, die Diät einzuhalten. Dann wird man in den meisten Fällen schmackhaft satt und ist oft auch halbwegs zufrieden mit der Situation. Man ernährt sich bewusst, weil man es muss. Das hat häufig sogar nicht nur im Hinblick auf die Erkrankung selbst, sondern auch ganz allgemein positive Auswirkungen auf die Gesundheit. Aber irgendwann kommt trotzdem ein Punkt, an dem man mehr möchte. Man möchte genauso wie die anderen Neues ausprobieren, ganz neue Geschmackserlebnisse kennenlernen und nicht mehr abseitsstehen, wenn von den tollen Gerichten neulich im chinesischen, afrikanischen oder brasilianischen Restaurant die Rede ist.

Viele Menschen, die sich glutenfrei ernähren müssen, scheuen das Risiko eines Restaurantbesuchs, weil sich eine Verunreinigung des Essens mit Gluten nicht immer ausschließen lässt.

Trotzdem brauchen Sie nicht auf neue, spannende Geschmackserlebnisse zu verzichten! Mit unserem Buch wollen wir Ihnen zeigen, wie Sie selber Gerichte aus aller Welt sicher glutenfrei kochen und genießen können. Bevor Sie mit der Zubereitung eines Gerichts beginnen, sollten Sie allerdings die einführenden Kapitel sowie das Rezept komplett durchlesen. So lassen sich Missverständnisse vermeiden und die Zubereitung gelingt.

Dr. Stephanie Freundner-Hagestedt, Dipl.-Biol.

Wir haben hauptsächlich Gerichte ausgewählt, die sich noch nicht in der deutschen Küche etabliert haben, aber in den Ländern, aus denen sie stammen, gut bekannt sind. Zu einer gesundheits- und umweltbewussten Ernährung gehört für uns auch, dass man viele der Gerichte mit oder ohne Fleisch zubereiten kann. Die Rezeptvarianten sollen Sie auch dazu anregen, selber beim Kochen kreativ zu werden.

Unser besonderer Dank gilt unseren Freundinnen, die uns Rezepte aus ihren Heimatländern verraten und mit Know-how und praktischer Arbeit in der Küche unterstützt haben. Diese Zusammenarbeit hat uns viel Freude bereitet. Besonders froh waren wir immer dann, wenn unsere Freundinnen überrascht waren, wie gut ihre Gerichte in der glutenfreien Variante schmecken.

Wir wünschen Ihnen ebenfalls viel Freude, Spaß und Erfolg beim Nachkochen der Rezepte und natürlich einen guten Appetit!

Inken Hagestedt

Die Autorinnen

DIE GLUTENFREIE INTERNATIONALE KÜCHE

Wenn Sie sich glutenfrei ernähren, oder ein Familienmitglied, wissen Sie aus eigener Erfahrung, wie schwierig das ist. In dieser kurzen Einleitung möchten wir Ihnen in knappen Worten erklären, was Zöliakie und Glutensensitivität eigentlich sind und worauf Sie beim Einkauf und bei der Zubereitung von glutenfreien Speisen achten müssen. Wir geben Ihnen außerdem wertvolle Tipps und Tricks an die Hand, wie Ihnen die leckeren Gerichte aus aller Herren Länder im Rezeptteil dieses Buches, aber auch Ihre eigenen Kreationen in der Küche gelingen.

Gründe für eine glutenfreie Ernährung

!

Gluten ist das Klebereiweiß in europäischen Getreidearten.

Gluten ist das sogenannte Klebereiweiß in den europäischen Getreidearten Weizen, Dinkel, Roggen, Gerste, Emmer, Grünkern, Einkorn, Kamut (eine Weizensorte) und Triticale (eine Kreuzung aus Weizen und Roggen). Hafer enthält ein Klebereiweiß, das eine ähnliche Struktur wie Gluten hat. Die europäische Ernährung basiert in großem Umfang auf Weizenprodukten, aber auch Dinkel, Roggen, Gerste und Hafer sind aus der alltäglichen Ernährung kaum wegzudenken.

Wie alle Proteine wird auch das Gluten im Magen und Darm während der Verdauungsvorgänge in Bruchstücke aufgespalten. Normalerweise werden die Bruchstücke des Glutens, die nicht weiterzerkleinert und durch die Darmwand aufgenommen werden können, einfach mit dem nicht verwertbaren Darminhalt ausgeschieden.

Manche Menschen reagieren auf diese Bruchstücke allerdings mit Entzündungsreaktionen der Darmschleimhaut. Es können Durchfälle, Erbrechen, aber auch Verstopfung und viele andere Symptome auftreten. Es kann sogar zu gravierenden Störungen bei der Zerlegung der Nahrung und der Aufnahme von Nahrungsbausteinen kommen. Dann können – obwohl man ausreichend isst und trinkt – Mangelerscheinungen auftreten, wie sie für eine Unterernährung typisch sind.

Man unterscheidet zwei Krankheitsbilder, bei denen es zu Problemen während der Glutenverdauung kommt: die Zöliakie, häufig auch Sprue genannt, und die Glutensensitivität. In beiden Fällen muss man sich glutenfrei ernähren.

!

Zöliakie und Glutensensitivität sind nicht dasselbe.

Zöliakie: Dabei handelt es sich um eine Autoimmunerkrankung. Das heißt, dass sich das Abwehrsystem (Immunsystem) des Körpers gegen Zellen oder Stoffe des eigenen Körper richtet. Bei der Zöliakie kommt es deshalb zu Entzündungen und nachfolgend zu einer mehr oder weniger starken Schädigung der Dünndarmschleimhaut. Diese Schädigung zeigt bei der Zöliakie ein ganz charakteristisches Bild. Ausgelöst und in Gang gehalten wird dieser Prozess durch Bruchstücke des Glutens. Unter einer glutenfreien Diät hören die Entzündungen auf. Die Darmschleimhaut kann sich regenerieren und die Aufnahme von Nahrungsbestandteilen normalisiert sich wieder.

Soweit bis jetzt bekannt ist, ist Zöliakie nicht heilbar. Betroffene sollten also die glutenfreie Diät lebenslang konsequent einhalten. Nur dann können sie beschwerdefrei und ohne das Risiko von Spätfolgen leben. Berichte über die Heilung von Menschen mit Zöliakie müssen vorsichtig beurteilt werden. Oft gibt es in solchen Fällen Unklarheiten hinsichtlich der Erstdiagnose und/oder der diagnostischen Bestätigung der Heilung. Von einer Symptomfreiheit allein kann nicht auf eine Heilung geschlossen werden. Die Empfindlichkeit gegenüber Gluten variiert von Person zu Person und kann auch in verschiedenen Lebensabschnitten bei ein und derselben Person durchaus unterschiedlich sein. Viele Zöliakiebetroffene wissen gar nichts von ihrer Erkrankung, weil sie keine oder nur ganz geringe Symptome spüren. Klarheit kann nur die Bestimmung von bestimmten Antikörpern aus dem Blut bringen, die für eine Zöliakie typisch sind. Wenn dieser Test positiv ist, wird die Diagnose zusätzlich durch eine Dünndarmspiegelung gesichert. Eine Bestimmung der typischen Antikörper sollte deshalb bei einem begründeten Verdacht durchgeführt werden, aber auch, wenn jemand in der Familie von Zöliakie betroffen ist.

!

Den Nachweis einer Zöliakie kann nur eine Antikörper-Bestimmung bringen. Eine Dünndarmspiegelung sichert die Diagnose.

Glutensensitivität: In den letzten Jahren wurde eine andere Unverträglichkeit von Gluten als neue Krankheit definiert: die Glutensensitivität. Sie kann noch nicht direkt diagnostiziert werden. Die Betroffenen leiden nach dem Verzehr von glutenhaltigen Speisen und Getränken an ganz ähnlichen Symptomen wie Zöliakiepatienten. Bei der Diagnostik fehlen allerdings die für Zöliakie typischen Autoimmun-Antikörper und die charakteristischen Veränderungen der Dünndarmschleimhaut. Wenn eine Allergie gegen Weizenmehl und weitere Darmerkrankungen ausgeschlossen werden können, die Beschwerden aber fortbestehen, spricht man von einer Glutensensitivität. Eine Verbesserung der Symptome schafft auch hier die Umstellung auf eine glutenfreie Ernährung. Ob sich bei der Glutensensitivität die Empfindlichkeit gegenüber Gluten an sich durch die Diät verringert und nach einiger Zeit Gluten wieder vertragen wird, ist bisher noch nicht geklärt.

Nahrungsmittel ohne Gluten

In einer Gesellschaft, deren Ernährung zu einem großen Teil auf Produkten von europäischen Getreidearten beruht, scheint es auf den ersten Blick sehr schwierig zu sein, sich glutenfrei zu ernähren. Tatsächlich gibt es inzwischen aber eine reichhaltige Palette von glutenfreien Back- und Teigwaren, Mehlen und Mehlmischungen sowie zahlreichen anderen Produkten. Bei der Herstellung dieser Produkte werden die glutenhaltigen Getreide durch glutenfreie Getreidearten oder andere Pflanzen ersetzt, z. B. Reis, Hirse, Amaranth, Mais und Buchweizen. Geschmack, Backeigenschaften, Festigkeit und Feuchtigkeitsgehalt der glutenfreien Nahrungsmittel unterscheiden sich manchmal kaum, manchmal jedoch deutlich von denen glutenhaltiger Nahrungsmittel. Dies hängt vom jeweiligen Produkt ab.

Eine gesunde und schmackhafte Ernährung ist aber auch im Rahmen einer glutenfreien Ernährung möglich. Das erfordert allerdings viel Eigeninitiative, Kreativität, Ausdauer und Motivation, was natürlich nicht immer leichtfällt. Doch je mehr Produkte unterschiedlicher Hersteller Sie ausprobiert und je mehr

Es gibt glutenfreie
Alternativen.

!

Gesund und genussvoll können Sie auch im Rahmen einer glutenfreien Ernährung essen.

Erfahrung Sie damit gesammelt haben, desto genussvoller werden Sie glutenfrei essen und trinken.

Leider ist es bei einer glutenfreien Ernährung nicht damit getan, nur bei Backwaren und anderen Getreideprodukten auf glutenfreie Alternativen umzusteigen. Gluten hat, wie seine deutsche Bezeichnung schon sagt, hervorragende Klebeeigenschaften. Vor allem in der Lebensmittel-, aber auch in der Pharma- und Kosmetikindustrie findet es daher eine breite Verwendung. Es wird z. B. benutzt, um eine bestimmte, immer gleich bleibende Konsistenz der Produkte sicherzustellen. In vielen Fällen wird es auch als Trägerstoff für andere Substanzen verwendet. Sogar bei der Produktion von Farben und Knetmasse wird es eingesetzt. Gerade dieses versteckte Gluten macht das glutenfreie Leben schwierig.

Glutenfrei einkaufen – gewusst wie

Um wirklich glutenfrei einzukaufen, sollten Sie deshalb

- im Laden die Zutatenlisten studieren,
- die Aufstellung glutenfreier Produkte beachten, die die Deutsche Zöliakie-Gesellschaft (DZG) ihren Mitgliedern zur Verfügung stellt,
- im Zweifelsfall beim Hersteller nachfragen.

Das Einkaufen wird einfacher, wenn man zu möglichst unverarbeiteten Lebensmitteln greift. Nicht weiterverarbeitete Milchprodukte, Eier, ungewürztes Fleisch und Geflügel sowie naturbelassener Fisch sind glutenfrei. Das Gleiche gilt für frisches Obst und Gemüse, Nüsse, Hülsenfrüchte, reinen Zucker, Konfitüre, Marmelade, Honig, reine Gewürze und Kräuter. Reine Fruchtsäfte, Mineralwässer, nicht aromatisierter Kaffee, natürliche Früchte-, Kräuter- oder Schwarztees sowie Wein und Sekt enthalten ebenfalls kein Gluten. Es gilt die Faustregel: Je weniger ein Nahrungsmittel industriell verarbeitet ist, umso leichter kann man abschätzen, ob es glutenfrei ist oder nicht.

Greifen Sie möglichst zu unverarbeiteten Lebensmitteln.

Auf allen abgepackten Lebensmitteln muss eine Liste der verwendeten Zutaten aufgedruckt sein. Weiterhin müssen die Substanzen angegeben werden, die besonders häufig Allergien auslösen. Dies gilt auch für kleinste Mengen. Gluten gehört zu diesen Substanzen und muss deshalb aufgeführt werden. Diese Regelung gilt in allen Ländern der EU. Allerdings wird in den Zutatenlisten oft nicht das Wort „Gluten" benutzt, sondern die Getreideart genannt, die bei der Herstellung verwendet wurde. Um sicher glutenfrei einkaufen zu können, sollten Sie sich gut mit dem Vokabular der Zutatenlisten auskennen. Deshalb ist es wichtig, sich umfassend über die entsprechenden Fachausdrücke zu informieren.

Es sollten keine Fragen offenbleiben, denn sonst kann es zu Diätfehlern kommen. Solche Informationen erhalten Sie z. B. beim aid (Auswertungs- und Informationsdienst für Ernährung, Landwirtschaft und Forsten). Eine deutliche Erleichterung und mehr Sicherheit beim Einkaufen bringt das Nachschlagen von Lebensmitteln des täglichen Bedarfs in der Aufstellung glutenfreier Lebensmittel der Deutschen Zöliakie-Gesellschaft. Mitglieder dieses Selbsthilfevereins erhalten solche Listen, die mithilfe von Nachträgen mehrfach im Jahr aktualisiert werden.

„Kann Spuren von Gluten enthalten": Diese Aufschrift auf einer Verpackung führt immer wieder zu Verunsicherung, wenn das Produkt anhand der aufgedruckten Zutatenliste oder der Lebensmittelaufstellung der Deutschen Zöliakie-Gesellschaft eigentlich glutenfrei sein sollte. Der Hersteller weist mit dieser Aufschrift lediglich darauf hin, dass die Möglichkeit besteht, dass das Produkt durch die verarbeiteten Rohstoffe oder bei der Herstellung mit Gluten verunreinigt worden sein könnte. Die Aufschrift sagt jedoch nichts über eine tatsächlich vorhandene Verunreinigung aus. Sie dient nur zur Absicherung des Herstellers vor möglichen Rechtsansprüchen. Allerdings kann auch in Lebensmitteln, bei denen diese Aufschrift auf der Verpackung fehlt, eine Verunreinigung mit Gluten vorhanden sein. Als Käufer müssen Sie in jedem einzelnen Fall selber entscheiden, ob Sie das Risiko einer eventuell vorhandenen Verunreinigung in Kauf nehmen und das Produkt essen oder trinken wollen.

Viele abgepackte, normale Produkte der Nahrungsmittelindustrie sind jedoch glutenfrei und Sie können sie im Rahmen einer glutenfreien Diät unbedenklich verzehren. Bei losen Produkten müssen die Zutaten noch nicht angegeben werden. Dies wird sich voraussichtlich in den nächsten Jahren ändern, was eine große Erleichterung für ein glutenfreies Leben bringen wird.

Die durchgestrichene Ähre: In jedem Fall geeignet für eine glutenfreie Ernährung sind Produkte, auf deren Verpackung Sie das offizielle Glutenfrei-Symbol der Deutschen Zöliakie-Gesellschaft finden: die durchgestrichene Ähre. Der Glutengehalt dieser Produkte wird kontrolliert und muss unter dem gesetzlich vorgeschriebenen Grenzwert von 2 Milligramm pro 100 Gramm Produkt liegen. Dann gilt das Produkt als glutenfrei. Das Glutenfrei-Symbol führt die Deutsche Zöliakie-Gesellschaft als eingetragenes Warenzeichen und vergibt es an nationale Hersteller und Vertriebe von Lebensmitteln, deren Glutengehalt nachweislich unter dem gesetzlich vorgeschriebenen Grenzwert liegt.

Produkte mit diesem „Glutenfrei-Symbol" findet man heute schon in vielen Super- und einigen Drogeriemärkten, selbstverständlich auch in Reformhäusern. Eine große Auswahl gibt es bei Internetversendern, deren lieferbare Produktpalette sich allerdings manchmal rasch ändert. Deshalb ist es ratsam, dass Sie sich einen Vorrat an denjenigen Produkten zulegen, die Sie gerne essen, und sich rechtzeitig um eine Nachbestellung kümmern. Auch bei Lieferanten von glutenfreier Tiefkühlkost finden sich schmackhafte Produkte.

!

Die DZG vergibt an nationale Hersteller und Vertriebe glutenfreier Lebensmittel das „Glutenfrei-Symbol": eine durchgestrichene Ähre.

!

Die Verwendung von Hafer ist umstritten.

Haferprodukte: Die Verwendung von Hafer in Rahmen einer glutenfreien Diät ist umstritten. Hafer kann sortenrein, das heißt ohne Verunreinigung durch andere glutenhaltige Getreide, produziert werden. Hafer enthält selber auch kein Gluten. Deshalb sind sorgfältig hergestellte Haferprodukte glutenfrei. Dies wird durch entsprechende Tests bestätigt. Trotzdem muss beim Verzehr von Hafer zur Vorsicht geraten werden. Denn Hafer enthält ein Klebereiweiß, das dem Gluten sehr ähnlich ist und deshalb auch zu Reaktionen bei Zöliakiebetroffenen führen könnte.

Die Verträglichkeit von Hafer sollten Sie vorsichtig – am besten unter ärztlicher Kontrolle – austesten.

Es gibt im Augenblick noch zu wenige Untersuchungen, die belegen, ob das Klebereiweiß des Hafers für Zöliakiepatienten wirklich unbedenklich ist. Deshalb sollten Sie vorsichtshalber den betreuenden Arzt dazu befragen und mit dem Verzehr kleiner Mengen Hafer unter ärztlicher Kontrolle beginnen.

Die sichere glutenfreie Küche

Nicht nur der Einkauf glutenfreier Lebensmittel ist wichtig, auch bei der Arbeit in der Küche gilt es einige Dinge zu berücksichtigen. Am wichtigsten sind die folgenden vier Punkte:

- Alle Zutaten müssen glutenfrei sein, auch Gewürze oder andere Zutaten, die nur in kleinen Mengen verwendet werden.
- Vermeiden Sie Verunreinigungen glutenfreier Speisen durch glutenhaltige Nahrungsmittel, auch durch geringste Mengen.
- Glutenfreies Backen folgt anderen Regeln als das Backen mit herkömmlichen Mehlen.
- Glutenfreie Backwaren sind nicht so lange haltbar wie normale.

Anfänger in der glutenfreien Küche machen häufig den Fehler, nur beim Einkaufen neuer Produkte auf Glutenfreiheit zu achten. Genauso wichtig ist es allerdings, auch die Zutaten, die man immer schon zum Kochen und Backen verwendet hat, darauf zu kontrollieren, ob sie glutenfrei sind. Und wenn man bei Verwandten oder Freunden isst und vorher besprochen wird, was gekocht werden soll, sollte man dies ebenfalls berücksichtigen. Das gilt z. B. auch für Gewürze, Fleisch- oder Gemüsebrühe und Senf.

Küchenarbeiten

Sauberes und konzentriertes Arbeiten in der Küche reduziert die Gefahr einer Kontamination (Verunreinigung) mit Gluten erheblich. Dies ist vor allem wichtig, wenn sowohl glutenhaltige als auch glutenfreie Speisen in einer Küche zubereitet werden. Das sorgfältige Arbeiten beginnt bei der Lagerung der Nahrungsmittel und reicht über die Zubereitung der Speisen bis hin zur Reinigung der benutzten Küchenutensilien und der Arbeitsflächen.

!

In der Küche sollten Sie sehr sorgfältig arbeiten.

Darauf kommt es besonders an:

- Lagern Sie glutenfreie Nahrungsmittel in vorher gründlich gereinigten Schränken.
- Schaffen und benutzen Sie glutenfrei gehaltene Bereiche in der Küche. Verwenden Sie andersfarbige Küchenutensilien, die bei der Küchenarbeit nicht so leicht verwechselt werden können.
- Waschen Sie Ihre Hände, bevor Sie glutenfreie Nahrungsmittel anfassen.
- Benutzen Sie für jedes Nahrungsmittel auf dem Tisch ein eigenes Vorlegebesteck.
- Verwenden Sie unterschiedliche Lappen und ein gut durchdachtes Schema bei der Reinigung des Geschirrs und der Küche.
- Spülen Sie Geschirr und möglichst viele Küchenutensilien in der Spülmaschine.

Kochen und backen

Das glutenfreie Kochen ist relativ einfach. Man verwendet glutenfreie Zutaten. Suppen, Saucen und Süßspeisen werden glutenfrei angedickt, z. B. mit Maismehl, Reismehl oder Speisestärke. Mit Guarkernmehl oder Pfeilwurzstärke kann ebenfalls angedickt werden. Die Zubereitung von Gerichten mit glutenfreien Mehlen, z. B. Eingebackenes und Pies sowie Backwaren, ist deutlich schwieriger. Die normalen Rezepte sind auf die besonderen Eigenschaften von Gluten ausgerichtet: Es hält das Gebäck zusammen und die Feuchtigkeit im Gebäck. Es sorgt dafür, dass das Gebäck gut aufgeht und locker bleibt. Glutenfreien Mehlen hingegen fehlen diese Eigenschaften. Deshalb will die Zubereitung von Backwaren gelernt sein. Nehmen Sie sich dafür ausreichend Zeit und bringen Sie etwas Geduld mit. Mit ein wenig Erfahrung wird Ihnen auch das glutenfreie Backen gelingen.

!

Backen ohne Gluten erfordert ein bisschen Übung und Geduld.

Verwenden Sie andersfarbige Küchenutensilien.

Glutenfrei backen – das schaffen auch Sie

Es gibt einige Tipps, um schmackhafte und lockere Backwaren herzustellen. Diese sollten Sie ausprobieren, wenn Sie selber in der Küche kreativ sein wollen. Damit können Sie viele normale Rezepte als Grundlage für eine glutenfreie Zubereitung benutzen. Allerdings müssen Sie die genaue Zubereitung auf die glutenfreien Mehle anpassen, die Sie verwenden. Das erfordert etwas Experimentierfreudigkeit und Erfahrung.

!

Mit diesen Tipps können Sie normale Backrezepte leicht abwandeln.

- Geben Sie immer ein wenig Fett in den Teig, auch wenn es im Rezept für normales Weizenmehl nicht aufgeführt ist. Dadurch hält der Teig besser zusammen.
- Wenn der Teig zu fest ist, geben Sie ein Ei mehr hinein. Das macht den Teig lockerer.
- Verwenden Sie mehr Triebmittel, als im normalen Rezept angegeben ist, denn aus dem glutenfreien Gebäck entweichen deutlich mehr Gasbläschen als aus glutenhaltigem.
- Glutenfreie Mehle benötigen viel Flüssigkeit. Erhöhen Sie deshalb die Flüssigkeitsmenge. Aber achten Sie darauf, dass der Teig nicht zu feucht und klebrig wird, weil er sich dann schlecht weiterverarbeiten lässt.
- Durch die Zugabe von kleinen Mengen Guarkern- oder Johannisbrotkernmehl klebt der Teig besser zusammen. Allerdings geht er dann nicht mehr so gut auf.
- Wenn Sie kleine Mengen gemahlene Flohsamen mit in den Teig geben, hält das Gebäck die Feuchtigkeit besser.
- Backen Sie vorsichtshalber bei etwas geringeren Temperaturen und schauen Sie gegen Ende der Backzeit öfter in den Backofen. Glutenfreies Gebäck wird sehr schnell braun.

!

Bewahren Sie glutenfreie Nahrungsmittel in vorher gründlich gereinigten, verschließbaren Behältern auf.

Passen Sie gegen Ende der Backzeit auf – glutenfreies Gebäck wird schnell braun.

Aus aller Welt: Glutenfreie Gerichte mit Variationen

Gutes, leckeres Essen ist ein Stück Lebensqualität. Neues auszuprobieren und zu schmecken gehört genauso dazu wie ganz besondere Gaumenfreuden, die man z. B. in einem Restaurant mit einer ausgefallenen Speisekarte erleben kann. Darin unterscheiden sich Menschen, die eine glutenfreie Diät einhalten müssen, keineswegs von anderen. Doch häufig scheuen sie den Gang ins Restaurant, weil Diätfehler nicht ausgeschlossen werden können. Dies gilt vor allem für Gaststätten mit internationaler Küche, wenn das Servicepersonal nicht ausreichend gut Deutsch spricht. Der Wunsch, trotzdem auch einmal etwas ganz anderes zu essen, bleibt jedoch auch bei Menschen mit Zöliakie bestehen, vor allem bei jungen Leuten. Aber auch wer sich eine längere Zeit im Leben ganz normal ernährt hat, möchte auf interessante Geschmackserlebnisse zwischendurch nicht verzichten. Die Rezepte in diesem Buch geben reichlich Gelegenheit dazu.

!

Mit unseren internationalen glutenfreien Gerichten sind Sie auf der sicheren Seite.

In unserer Gesellschaft ist der Trend zu Fast Food weiterhin ungebrochen. Ein ganz gegensätzlicher Trend findet aber auch immer mehr Anhänger, bei dem die bewusste, nachhaltige Ernährung im Vordergrund steht. Die Gründe können z. B. ökologisch oder ethisch bedingt sein. Immer mehr Menschen möchten konsequent oder gelegentlich auf Fleisch verzichten. Menschen, die sich glutenfrei ernähren, wissen aber oft nicht, wie sie ihre Ernährung ausgewogen und mit reduziertem Fleischkonsum oder vegetarisch gestalten sollen. Dies gilt vor allem dann, wenn gleichzeitig noch eine vorübergehende oder dauerhafte Unverträglichkeit von Laktose (Milchzucker) vorliegt.

Dieses Buch versucht, die verschiedenen Bedürfnisse zusammenzuführen. Deshalb haben wir ländertypische Rezepte ausgewählt, die zumeist vegetarisch sind oder vegetarisch gekocht werden können; manche davon sind sogar vegan. Bei vielen Gerichten wird entweder eine Variante mit Fleisch oder Fisch angegeben oder es findet sich ein Hinweis, welches Fleisch bzw. welcher Fisch dazu passt. Überdies können die meisten Gerichte auch so zubereitet werden, dass sie für Personen mit einer Laktoseunverträglichkeit geeignet sind.

!

Die meisten Rezepte können vegetarisch und laktosefrei zubereitet werden.

Kulinarische Weltreise

Ein Teil der ausgewählten Rezepte stammt aus beliebten Urlaubsländern wie Österreich, Frankreich, Spanien, Italien, Skandinavien und den USA. Viele kommen aber auch aus Ländern, die nicht so häufig bereist werden. Dazu gehören Polen, Litauen, Ungarn und Russland sowie asiatische, afrikanische und südamerikanische Länder. Von manchen Gerichten kennen Sie vielleicht nur den Namen und sind neugierig darauf, sie einmal auszuprobieren. Andere sind vollkommen neu, schmecken exotisch oder sind scharf gewürzt. Auch die türkische und die persische Küche sind wahre Fundgruben für interessante Gerichte, die nicht sehr scharf sind und auch den deutschen Geschmack treffen. Bei der Auswahl der Gerichte haben wir bewusst auf solche verzichtet, die schon fast einen festen Platz in der deutschen Küche gefunden haben wie z. B. Pizza, Flammkuchen und Lasagne. Rezepte für solche Speisen finden Sie in unserem Lern-Kochbuch „Vielfältig genießen bei Zöliakie“.

Viele unserer Gerichte basieren auf Originalrezepten von Köchinnen mit Migrationshintergrund. Sie haben uns freundlicherweise ihre Rezepte und kleinen Küchengeheimnisse verraten. Sie haben auch interessiert die glutenfreien Varianten ihrer Gerichte probiert und bewertet. Auf diese Weise wurde sichergestellt, dass die Speisen auch glutenfrei möglichst authentisch zubereitet werden können. Mithilfe der Rezepte in diesem Buch können Sie einen Blick in die Esskultur vieler Länder werfen, Ihren Esshorizont erweitern und gleichzeitig sicher glutenfrei genießen. Und Perso-

!

Manche Rezepte kennen Sie aus dem Urlaub. Laden Sie Freunde zum Essen ein und schwelgen Sie in Urlaubserinnerungen.

nen, die aus diesen Ländern stammen und glutenfrei essen müssen, finden hier Rezepte, die sie an die Küche ihres Heimatlandes erinnern.

Im Rezeptteil finden Sie eine bunte Vielfalt von internationalen Rezepten mit vielen Variationsmöglichkeiten.

Wie Sie mit diesem Buch arbeiten

In den einführenden Kapiteln dieses Buches konnten die Grundlagen einer sicheren glutenfreien Küche nur kurz beschrieben werden. Dennoch ist es wichtig, dass Sie diese Seiten vollständig lesen, damit es beim Nachkochen der Rezepte nicht zu Fehlern aufgrund von Missverständnissen kommt. Wenn Sie sich noch nicht so gut mit der glutenfreien Ernährung und der sicheren Arbeit in der Küche auskennen, ist es ratsam, sich anhand anderer Bücher oder bei der Deutschen Zöliakie-Gesellschaft umfassend zu informieren.

Für die Auswahl der Rezepte war ein wichtiges Kriterium, dass die verwendeten Zutaten relativ problemlos erhältlich sind. Außerdem wurde darauf geachtet, dass Küchenutensilien zum Einsatz kommen, die zu einer normalen Küchenausstattung gehören. Die meisten benötigten Zutaten finden Sie in Supermärkten und Reformhäusern. Vielleicht müssen Sie in Ihrem Supermarkt in die Abteilung für Asienprodukte oder in die für exotische oder trockene Früchte gehen. Bei nicht alltäglichen Zutaten findet sich ein Hinweis, wo Sie diese kaufen können, z. B. in türkischen Läden oder im Asiashop. Johannisbrotkernmehl, Guarkernmehl oder gemahlene Flohsamen gibt es von mehreren Herstellern. Wahrscheinlich müssen Sie diese Produkte über das Internet bestellen, manchmal finden Sie diese aber auch in gut sortierten Reformhäusern oder Bioläden.

!

Die Zutaten sind relativ problemlos erhältlich.

Vor der Zubereitung eines Gerichts lesen Sie bitte jeweils das komplette Rezept. Denken Sie beim Einkauf daran, nur glutenfreie Produkte zu kaufen. Dies ist in den Rezepten nicht noch einmal extra vermerkt.

Informationen im Rezeptkopf

Im Kopf der Rezepte finden Sie viele Informationen:

- einen deutschen Namen, der Ihnen einen ersten Eindruck von dem Gericht vermittelt
- bei vielen Rezepten den Originalnamen
- das Herkunftsland des Originalrezepts
- den Schwierigkeitsgrad der Zubereitung
- eine Aussage über den Laktosegehalt des Gerichts
- eine Aussage, ob das Gericht vegan, vegetarisch oder nicht-vegetarisch ist und welche Variationsmöglichkeiten es gibt
- wie lange die Zubereitung insgesamt dauert und wie lange Sie tatsächlich mit der Zubereitung beschäftigt sind

!

Die Rezepte sind für Anfänger und Profis am Herd gleichermaßen geeignet.

Schwierigkeitsgrad: Die meisten Rezepte dieses Buches sind auch für Kochanfänger geeignet. Die Zubereitung wurde möglichst übersichtlich und mit vielen Details beschrieben, sodass sich jeder Schritt leicht nachvollziehen lässt. Wenn Sie Gerichte für Fortgeschrittene zubereiten wollen, sollten Sie etwas Übung in der Küche und den Mut haben, z. B. mit Schwung den auf Backpapier ausgerollten Teig umgedreht in eine Form zu legen. Wirklich schwierig ist die Zubereitung solcher Rezepte jedoch nicht. Die wenigen Rezepte für Profis erfordern zusätzlich Geduld und sind meist arbeitsaufwendiger. Sie ermöglichen dafür aber einen besonderen Genuss. Dies gilt z. B. für Baklava (siehe Seite 122).

Laktose: Bezüglich des Laktosegehalts eines Gerichts unterscheiden wir bewusst zwischen „laktosearm“ und „laktosefrei“. Milchprodukte, deren Milchzuckergehalt reduziert wurde, sind meist nicht komplett frei von Laktose.

Für die meisten Personen, die Milchzucker nicht vertragen, spielen diese geringen Restmengen keine Rolle. Einige sind jedoch so empfindlich gegenüber Laktose, dass sie auch auf solche

Die meisten benötigten Zutaten finden Sie in Supermärkten und Reformhäusern.

Mengen reagieren. Deshalb werden in diesem Buch Gerichte nur dann laktosefrei genannt, wenn sie keine Laktose enthalten. Wenn bei der Zubereitung Milchprodukte mit reduziertem Laktosegehalt verwendet werden, bezeichnen wir die entsprechenden Gerichte als laktosearm. Wenn Sie die Speisen laktosearm oder laktosefrei zubereiten möchten, müssen alle verwendeten Zutaten laktosearm oder laktosefrei sein. Dies wird allerdings in der Zutatenliste nur bei den Zutaten vermerkt, die grundsätzlich Laktose enthalten. Bei Butter wurde aus Gründen der besseren Lesbarkeit auf die Angabe „eventuell laktosearm" verzichtet, weil die direkt dahinter genannte Margarine entsprechend gekennzeichnet ist.

!

Bei den Rezepten wird zwischen „laktosearm" und „laktosefrei" unterschieden.

Weitere Informationen zur Schreibweise der Rezepte

- Die Rezepte sind (bis auf die Rezepte für Kuchen und das Truthahn-Rezept auf Seite 106) **für 4 Personen** berechnet.
- Die **Arbeitszeit und Gesamtzeit** ist jeweils großzügig bemessen. Deshalb kann es sein, dass Sie nicht ganz so lange brauchen wie angegeben. Wenn man bei der Zubereitung die ganze Zeit beschäftigt ist, wird nur die Arbeitszeit aufgeführt. In den Gesamtzeiten sind zusätzlich die Ruhe-, Back-, Koch-, Kühl- und/oder Einweichzeiten enthalten.
- Die Bezeichnung **„vegan"** sagt aus, dass keine tierischen Produkte verwendet werden. Allerdings muss man dann bei der Zubereitung auf eine Margarine ohne Milchanteil bzw. eine vegane Margarine zurückgreifen.
- Bei vielen Haupt- und anderen Gerichten wird angegeben, wie man sie mit Fleisch oder Fisch ergänzen kann. Wenn ein Gericht **Ei, Käse oder Pilze** enthält, wird häufig darauf verzichtet, weil diese Zutaten als Eiweißquelle ausreichen.
- Bei Gerichten, die in einer Auflaufform zubereitet werden, oder für Gebäck wird die **Größe der Formen** jeweils oben in der Zutatenliste angegeben. Wenn Ihre Form eine andere

Größe hat, ist es empfehlenswert, die verwendeten Zutatenmengen entsprechend umzurechnen.

- In den Zutatenlisten werden folgende **Abkürzungen** verwendet: P für Päckchen, g für Gramm, ml für Milliliter, l für Liter, EL für Esslöffel (15 ml), TL für Teelöffel (5 ml) und TK für Tiefkühl.
- Bei den Zutatenmengen finden Sie häufig **zwei Angaben.** Diese sollen Ihnen einen Rahmen vorgeben. Probieren Sie selber aus, wie es Ihnen am besten schmeckt.
- Die Bezeichnung „**etwas**" sagt, dass man von der entsprechenden Zutat nur eine ganz geringe Menge benötigt. Verwenden Sie ebenfalls nur eine geringe Menge, wenn dort die Angabe „**$^1/_8$ TL**" steht, Sie aber keine geeigneten Messlöffelchen besitzen. Nur mit einem Messlöffelchen für $^1/_4$ TL lässt sich diese kleine Menge abschätzen. Eine noch geringere Menge nehmen Sie bei der Angabe „**wenig**".
- In den Zutatenlisten finden Sie häufig die Angabe **„Öl zum Anbraten"** oder **„Öl zum Ausbraten".** Dafür wird keine genaue Menge angegeben, da die benötigte Menge vom Durchmesser des benutzten Topfs oder der Pfanne abhängig ist. Das Gleiche gilt für die Wassermenge, die Sie zum Dünsten oder Kochen benötigen.
- Die Bezeichnung **„evtl."** bedeutet, dass Sie die entsprechende Zutat ganz nach Ihrem Geschmack verwenden oder weglassen können.
- Mit der Bezeichnung **„gekörnte (Gemüse-)Brühe"** ist (Gemüse-)Brühe in Form von Pulver gemeint.
- **Wasser** wird nicht gesondert als Zutat in den Zutatenlisten aufgeführt. Die benötigte Menge wird in den entsprechenden Zubereitungsschritten angegeben.
- Bitte beachten Sie, dass jeder Backofen etwas anders backt. Deshalb können die **Backzeiten** in Ihrem Backofen sich von den angegebenen unterscheiden. Eventuell kann auch eine

!

Abkürzungen
g = Gramm
ml = Milliliter
l = Liter
EL = Esslöffel (15 ml)
TL = Teelöffel (5 ml)
P = Päckchen
TK = Tiefkühl

Erhöhung oder Reduzierung der angegebenen Temperaturen für Ihren Backofen notwendig sein.

- Bei der Zubereitung folgen Sie bitte den beschriebenen Schritten. Wenn Sie noch nicht viel Erfahrung im Kochen und Backen haben, ist es hilfreich, wenn Sie sich alles, was Sie benötigen, **bereitstellen**, bevor Sie mit der Zubereitung beginnen.
- Bei der **Zubereitung von Teig** finden Sie eine genaue Bezeichnung der verwendeten **Mehle** häufig inklusive Herstellerangabe. Dies ist notwendig, weil glutenfreie Mehle sehr unterschiedliche Eigenschaften haben. Deshalb werden Sie nicht beim ersten Mal mit jedem glutenfreien Mehl gleich Erfolg bei der Zubereitung haben. Wir geben Ihnen das Mehl oder die Mehle an, mit dem bzw. mit denen die Zubereitung am besten gelingt. Zuwendungen vonseiten der genannten Hersteller erhalten wir nicht. Sie können auch andere Mehle verwenden. Dann müssen Sie eventuell die Flüssigkeits- und Fettmenge bzw. die Zahl der Eier variieren. Vielleicht müssen Sie auch mehr Johannisbrot- oder Guarkernmehl zugeben. Orientieren Sie sich dabei an den Tipps im Kapitel „Die sichere glutenfreie Küche“. In der Zubereitungsanleitung stehen jeweils Hinweise, wie sich der fertige Teig anfühlen soll. So können Sie besser beurteilen, ob der Teig die richtige Konsistenz hat.
- In der Zubereitungsanleitung vieler Rezepte finden Sie Hinweise auf **Variationsmöglichkeiten** der Gerichte.
- Die **Informationen unter den Rezepten** geben Ihnen Auskunft, was man zu den Gerichten essen kann. Manchmal finden Sie dort auch interessante Tipps.
- In den Rezepten werden **ausschließlich glutenfreie Zutaten** verwendet. Dies gilt für Brot (Fladenbrot, Toastbrot, Baguette), Speisestärke, Paniermehl, Gewürze und Gewürzmischungen, Sojasauce, Tabasco, Gemüse- und Fleischbrühe, Vanillesaucenpulver und Buchweizen (Letzterer ist häufig kontaminiert mit glutenhaltigem Getreide).

!

Für alle Rezepte werden nur glutenfreie Zutaten verwendet. Dies wird in der Zutatenliste nicht mehr extra vermerkt.

Ein Wort zum Schluss

Wir wünschen Ihnen genauso viel Spaß und Genuss, wie wir beim Zusammenstellen und bei der Zubereitung der Gerichte hatten. Es war für uns aus zwei Gründen eine ganz besondere Zeit: Es ist nicht nur schön, gut zu essen, sondern auch kreativ in der Küche zu sein. Beides zeigt, dass ein glutenfreies Leben zwar ein anderes Leben ist, aber keines, das von Verzicht geprägt ist. Ganz besondere Erlebnisse ergaben sich aus der Zusammenarbeit mit unseren Freundinnen mit Migrationshintergrund. Spaß sowie das Kennenlernen anderer Küchen und Kulturen waren für beide Seiten ein Gewinn. Außerdem konnten wir Anderen zeigen, wie schön und reichhaltig die glutenfreie Küche ist. Fragen Sie doch öfter einmal Ihre Freunde oder im Urlaub nach Rezepten und probieren Sie diese dann mithilfe unserer Tipps und Ihren Erfahrungen mit diesem Buch aus. Sie werden sehen, dass es auch Ihnen gelingen wird, viele neue, leckere Gerichte zuzubereiten.

REZEPTTEIL

Wenn Sie sich mit den Besonderheiten der glutenfreien Küche vertraut gemacht haben, können Sie mit dem Kochen und Backen nach unseren Rezepten beginnen. Wir haben für Sie leckere Gerichte aus aller Welt zusammengestellt und laden Sie ein zu einer kulinarischen Reise rund um den Globus. Entdecken Sie, wie köstlich, vielseitig und interessant auch ein glutenfreier Speiseplan sein kann. Wir wünschen Ihnen und Ihren Gästen viel Spaß, gutes Gelingen bei der Zubereitung und natürlich ganz besondere Geschmackserlebnisse.

SUPPEN

Zwiebelsuppe
Soupe à l'oignon

Aus Frankreich
Schwierigkeitsgrad: für Anfänger
Kann laktosefrei zubereitet werden
Kann vegetarisch zubereitet werden

Arbeitszeit: 45–60 Minuten
Gesamtzeit: 1–1 ¼ Stunden

Zutaten

- 500 g Gemüsezwiebeln
- Öl zum Anbraten
- evtl. ½ l Weißwein
- gekörnte Fleischbrühe für 1 l Flüssigkeit
- ⅛–¼ TL Pfeffer
- 4 Scheiben Toastbrot
- 3 EL Speisestärke
- ca. 100 g geriebener Käse (z. B. Gouda, evtl. laktosearm)

Zubereitung

1 Zwiebeln schälen und in dünne Scheiben schneiden, sodass die Ringe auseinanderfallen. Zwiebelringe in einem großen Topf in heißem Öl andünsten, bis sie glasig sind.

2 Mit ca. 900 ml Flüssigkeit (evtl. Wein gemischt mit Wasser oder nur Wasser) ablöschen, aufkochen und gekörnte Fleischbrühe zugeben. Mit Pfeffer würzen. 20–30 Minuten bei geringer Hitzezufuhr kochen lassen.

3 Währenddessen die Brotscheiben toasten. Die Speisestärke in ca. 100 ml kaltem Wasser glatt rühren, unter Rühren zur Suppe geben und aufkochen lassen. Backofen vorheizen.

4 Die Zwiebelsuppe in 4 ofenfeste Suppentassen füllen, je eine Toastscheibe auf die Suppe legen und mit geriebenem Käse bestreuen. Bei laktosefreier Zubereitung den Käse weglassen. Im Backofen bei 170–180 °C, Umluft bei 150–160 °C ca. 10 Minuten überbacken. Sofort servieren.

Vegetarische Variante: Ersetzen Sie die Fleischbrühe durch Gemüsebrühe.

Dazu passt am besten: Baguette

Kalte Tomatensuppe
Gazpacho

Aus Spanien
Schwierigkeitsgrad: für Anfänger
Laktosefrei
Vegan

Arbeitszeit: 20–40 Minuten
Gesamtzeit: 1–1 ½ Stunden

Zutaten

gekörnte Gemüsebrühe für 250 ml Flüssigkeit
3 EL Basilikum (frisch oder getrocknet)
etwa 500 g Tomaten
½ Salatgurke
1 Paprikaschote
1–2 Knoblauchzehen
2 EL Essig
4 EL Öl
½ TL Salz
⅛ TL gemahlener Pfeffer

Zubereitung

1 250 ml Gemüsebrühe zubereiten und 30–60 Minuten abkühlen lassen.

2 Evtl. frischen Basilikum waschen und hacken. Tomaten, Salatgurke und Paprikaschote waschen, ganz klein schneiden und in eine große Schüssel geben. Das Gemüse pürieren, wenn Sie mögen.

3 Knoblauchzehen waschen, schälen und zerdrücken. Knoblauch, Gemüsebrühe, Essig, Öl, Salz und Pfeffer zum Gemüse geben und gut verrühren. Abschmecken und evtl. nachwürzen. Kalt servieren.

Dazu passt am besten: Weißbrot

Tipp: Dekorieren Sie die Suppe mit frischen Basilikumblättchen und Champignonscheiben.

Kalte Rote-Bete-Suppe
Saltibarsciai

Aus Litauen
Schwierigkeitsgrad: für Anfänger
Kann laktosearm zubereitet werden
Vegetarisch

Arbeitszeit: 30–40 Minuten
Gesamtzeit: ca. 3 Stunden

Zutaten

etwa 500 g Rote Bete (frisch; alternativ geschält und gekocht)
3 Eier
½ Salatgurke
1–2 Lauchzwiebeln (je nach Geschmack)
1 EL Dill (frisch oder getrocknet)
500 ml Dickmilch (evtl. laktosearme Buttermilch)
¼–½ TL Salz
⅛–¼ TL gemahlener Pfeffer
evtl. 200 g saure Sahne (evtl. laktosearm)

Zubereitung

1 Rote Bete waschen, schälen, in kleine Stücke schneiden und 45–60 Minuten in wenig Wasser gar dünsten. Das Wasser abgießen und die Stücke abkühlen lassen. Vorgekochte Rote Bete braucht nur geschnitten zu werden.

2 Eier an der stumpfen Seite anstechen und ca. 10–12 Minuten in kochendem Wasser hart kochen und auskühlen lassen.

3 Salatgurke waschen, Lauchzwiebeln waschen und putzen. Rote Bete, hart gekochte Eier, Salatgurke und Lauchzwiebeln sehr klein schneiden und in eine große Schüssel geben.

4 Evtl. frischen Dill waschen und hacken. Dickmilch (oder Buttermilch), Dill, Salz und Pfeffer zugeben und gut durchrühren. Abschmecken und evtl. nachwürzen.

5 Je nach Geschmack 200 g saure Sahne unterrühren oder nur 100 g saure Sahne zugeben, die Suppe auf Teller verteilen und jeweils mit einem Klecks saurer Sahne verzieren.

Dazu passt am besten: Pellkartoffeln

Kürbissuppe
Pumpkin soup

Aus den USA
Schwierigkeitsgrad: für Anfänger
Kann laktosearm zubereitet werden
Vegetarisch, kann auch mit Fleisch zubereitet werden

Arbeitszeit: 1–1 ½ Stunden
Gesamtzeit: 1 ¾–2 ¼ Stunden

Zutaten

1 Kürbis (ca. 1 kg)
1 Süßkartoffel (Batate; z. B. in vielen Supermärkten erhältlich)
2 Möhren
1 große Zwiebel
Öl zum Anbraten
gekörnte Gemüsebrühe für 1 l Flüssigkeit
¼–½ TL Paprikapulver
¼ TL gemahlener Pfeffer
200 g Sahne (evtl. laktosearm)

Zubereitung

1 Den Kürbis waschen, vierteln und die Kerne mit einem Löffel entfernen. Das Fruchtfleisch herausschneiden oder den Kürbis schälen. Kürbisfleisch schneiden.

2 Süßkartoffel, Möhren und Zwiebel waschen, schälen und klein schneiden. Zwiebel in einem großen Topf in heißem Öl anbraten.

3 Kürbis-, Süßkartoffel- und Möhrenstücke zugeben. Mit 1 l Wasser auffüllen und zum Kochen bringen.

4 Gekörnte Gemüsebrühe zugeben und umrühren. Unter gelegentlichem Rühren ca. 30–40 Minuten kochen lassen, bis das Gemüse weich ist. Mit Paprikapulver und Pfeffer würzen.

5 Die Suppe vom Herd nehmen und die Sahne unterrühren. Abschmecken, evtl. nachwürzen.

Variante mit Fleisch: Schneiden Sie 200 g Bacon oder durchwachsenen Speck in kleine Stücke und braten diese zusammen mit den Zwiebeln an.

Dazu passt am besten: Toastbrot

Erdnusssuppe
Apapafubu

Aus Nigeria
Schwierigkeitsgrad: für Anfänger
Kann laktosearm zubereitet werden
Vegetarisch

Arbeitszeit: 1 ¾–2 Stunden

Zutaten

ca. 120 geschälte Erdnüsse (oder ca. 150 g ungeschälte)
1 Zwiebel
3–4 Tomaten
Öl zum Anbraten
300 ml Milch (evtl. laktosearm)
gekörnte Gemüsebrühe für 1,5 l Wasser
2 EL Naturreis
2 EL Petersilie (frisch oder getrocknet)

Zubereitung

1 Evtl. Erdnüsse schälen. Geschälte Erdnüsse in kleine Stückchen hacken. Zwiebel waschen, schälen und klein schneiden. Tomaten waschen, putzen und in Stücke schneiden. Zwiebeln in heißem Öl anbraten, dann Tomaten zugeben und andünsten.

2 Mit Milch und 1 l Wasser ablöschen. Aufkochen, gekörnte Gemüsebrühe und Reis zugeben. Etwa 20–30 Minuten kochen lassen, bis der Reis gar ist. Währenddessen evtl. frische Petersilie waschen und hacken. Petersilie in die Suppe geben und unterrühren.

Dazu passt am besten: Weißbrot oder Fladenbrot

Linsensuppe
Mercimek

Aus der Türkei
Schwierigkeitsgrad: für Anfänger
Laktosefrei
Vegan

Arbeitszeit: 20–30 Minuten
Gesamtzeit: 1–1 ¼ Stunden

Zutaten

1 Möhre
1 große Kartoffel
1 Zwiebel
¼ TL Pfefferminzblätter (frisch oder getrocknet)
Öl zum Anbraten
1 EL Tomatenmark
250 g rote Linsen (getrocknet)
½–¾ TL Salz

Zubereitung

1 Möhre, Kartoffel und Zwiebel waschen, schälen und klein schneiden. Evtl. frische Pfefferminzblätter waschen und hacken.

2 Zwiebel in heißem Öl in einem Topf anbraten. Tomatenmark, Möhren- und Kartoffelstückchen zugeben und unterrühren.

3 Mit 1 ½ l Wasser auffüllen. Linsen, Pfefferminzblätter und Salz zugeben. Unter Rühren aufkochen, dann 40–45 Minuten bei geringer Hitzezufuhr kochen, dabei ab und zu umrühren. Wer mag, kann die Suppe noch pürieren.

Dazu passt am besten: Fladenbrot

HAUPTGERICHTE

Scharfes Tomaten-Paprika-Gemüse
Letscho

Aus Ungarn

Schwierigkeitsgrad: für Anfänger

Laktosefrei

Vegan, dazu kann Fleisch oder Fisch serviert werden

Arbeitszeit: 40–50 Minuten

Zutaten

je 1 gelbe und rote Paprikaschote

1 Zwiebel

Öl zum Anbraten

etwa 600 g Tomaten

¼ TL Salz

1–2 TL Paprikapulver

Zubereitung

1 Paprikaschoten waschen, putzen und in kleine Stücke schneiden.

2 Die Zwiebel waschen, schälen, klein schneiden und in einem großen Topf in heißem Öl anbraten. Dabei ab und zu umrühren.

3 Dann die Paprikastücke zugeben und unter gelegentlichem Rühren 10–15 Minuten garen.

4 Währenddessen die Tomaten waschen und in dünne Scheiben schneiden. Tomatenscheiben zum Gemüse geben und weitere 10–15 Minuten schmoren, bis das Gemüse gar ist. Dabei ab und zu umrühren.

5 Zunächst vorsichtig mit Salz und Paprikapulver würzen. Mehrfach abschmecken und nachwürzen, damit das Letscho für Ihren Geschmack nicht zu scharf wird.

Dazu passt am besten: Reis oder Bratkartoffeln sowie Fleisch oder Fisch (gegrillt oder gebraten)

Buchweizengrütze mit Pilzen

Kascha

Aus Russland

Schwierigkeitsgrad: für Anfänger

Laktosefrei

Vegetarisch

Arbeitszeit: 1–1 ¼ Stunden

Zutaten

2 Eier

60–80 g Pilze (z. B. Steinpilze, Pfifferlinge, evtl. getrocknete einweichen)

200 g Buchweizen (Körner)

¾–1 ¼ TL Salz

60 g Butter

1 Zwiebel

Zubereitung

1 Eier am stumpfen Ende anstechen, 10–12 Minuten in kochendem Wasser hart kochen, abschrecken und auskühlen lassen. Währenddessen Pilze waschen, putzen und in kleine Stücke schneiden.

2 Buchweizen auf Reinheit kontrollieren und kurz in einem Durchschlag abspülen. Mit 480 ml Wasser und ¼ TL Salz aufkochen und ohne Umrühren bei geschlossenem Deckel und geringer Hitzezufuhr 15 Minuten gar kochen.

3 Wenn der Buchweizen gar ist, noch 10–15 Minuten quellen lassen, am besten unter einer Kaffeehaube oder einem größeren Handtuch zum Warmhalten.

4 Pilze in einem kleinen Topf mit wenig Wasser ca. 10 Minuten gar dünsten. Flüssigkeit abgießen. Butter abwiegen. Zwiebel waschen, schälen, klein schneiden und in etwas heißer Butter anbraten.

5 Pilze, Zwiebeln, restliche Butter und ½–1 TL Salz zum Buchweizen geben und durchrühren. Abschmecken, evtl. nachwürzen und servieren.

Tipp: Sie können den Buchweizen auch weniger herzhaft zubereiten. Kochen Sie ihn mit Milch und servieren Sie die Buchweizengrütze mit flüssiger Sahne.

Kartoffeltopf mit Meerrettich

Aus Schweden
Schwierigkeitsgrad: für Anfänger
Kann laktosearm zubereitet werden
Mit Fisch und vegetarischer Variante

Arbeitszeit: ca. 30 Minuten
Gesamtzeit: 1–1 ½ Stunden

Zutaten

400 g Kartoffeln
3 EL Dill (frisch oder getrocknet)
4 Lachsfilets à ca. 125 g
etwas Salz
Öl zum Einpinseln der Form
gekörnte Gemüsebrühe für 250–500 ml Flüssigkeit (evtl. mehr)
200 g saure Sahne (evtl. laktosearm)
4–6 TL geriebener Meerrettich

Zubereitung

1 Kartoffeln waschen, schälen und in dünne Scheiben schneiden. Evtl. frischen Dill waschen und hacken. Lachsfilets abwaschen, trocken tupfen, in kleine Stücke schneiden und mit wenig Salz bestreuen.

2 Die Auflaufform sollte einen Deckel haben. Sonst einen passenden hitzefesten Teller oder eine Servierplatte zum Abdecken benutzen. Die Form mit Öl einpinseln. Abwechselnd Kartoffelscheiben und Lachsstücke in die Form schichten.

3 250–500 ml Gemüsebrühe zubereiten und 3 EL Dill zugeben. Je nach Größe der Auflaufform muss evtl. mehr Gemüsebrühe zubereitet werden. Der Inhalt der Form sollte vollständig mit Flüssigkeit bedeckt sein.

4 Die Form zudecken und ca. 30–40 Minuten bei 190–200 °C im Backofen, Umluft bei 170–180 °C backen, bis sich die Kartoffelscheiben mit einem spitzen Messer leicht einstechen lassen.

5 Währenddessen die saure Sahne mit 4–6 TL Meerrettich gut verrühren. Je nach Geschmack können Sie auch mehr oder weniger Meerrettich verwenden.

6 Die Form aus dem Ofen holen und die Meerrettichsahne kalt zum Kartoffeltopf servieren.

Vegetarische Variante: Ersetzen Sie den Lachs durch 400 g Möhren, die Sie waschen, schälen und in dünne Scheiben schneiden.

Dazu passt am besten: Grüner oder gemischter Salat

Kartoffel-Grünkohl-Auflauf
Colcannon

Aus Irland
Schwierigkeitsgrad: für Anfänger
Kann laktosefrei zubereitet werden
Vegetarisch, kann vegan oder mit Fleisch zubereitet werden

Arbeitszeit: 45–60 Minuten
Gesamtzeit: 1–1 ¼ Stunden

Zutaten

150 g Möhren
600–700 g aufgetauter TK-Grünkohl
700–800 g Kartoffeln
1–1 ¼ TL Salz
4–5 Frühlingszwiebeln
1 EL Petersilie (frisch oder getrocknet)
150 g Butter oder Margarine (evtl. ohne Milchanteil)
etwa 75–100 ml Milch (evtl. laktosearm oder Wasser)
¼–½ TL gemahlener Pfeffer

Zubereitung

1 Möhren waschen, schälen, in sehr kleine Stückchen schneiden und in einen Topf geben. Den Grünkohl hinzufügen. So viel Wasser zugießen, dass das Gemüse gedünstet werden kann. Aber erst dann dünsten, wenn auch die Kartoffeln aufgesetzt werden.

2 Kartoffeln schälen, waschen, klein schneiden und in einen anderen Topf geben. Mit Wasser bedeckt und ½ TL Salz weich kochen.

3 Währenddessen Frühlingszwiebeln waschen, schälen und sehr klein schneiden. Evtl. frische Petersilie waschen und hacken. Butter oder Margarine abwiegen.

4 Das Gemüse aus dem Topf in einen Durchschlag geben und abtropfen lassen. Kartoffeln abgießen und stampfen.

5 Einen Teil der Butter oder Margarine in einem großen Topf erhitzen. Zunächst die Zwiebeln, dann gleich darauf das Gemüse 2–3 Minuten anbraten.

6 Die gestampften Kartoffeln, dann das restliche Fett ins Gemüse rühren. Danach so viel Milch (oder Wasser) zugeben und durchrühren, bis der Eintopf die von Ihnen gewünschte Konsistenz hat. Mit ½–¾ TL Salz und dem Pfeffer würzen, abschmecken und nachwürzen. Mit Petersilie bestreuen und servieren.

Dazu passt am besten: Gebratenes Lammfleisch

Tipp: Das Originalrezept enthält viel Fett. Sie können die Menge aber ganz nach Ihrem Geschmack reduzieren.

Provenzalisches Gemüse
Ratatouille

Aus Frankreich
Schwierigkeitsgrad: für Anfänger
Laktosefrei
Vegan, kann auch mit Fleisch zubereitet werden

Arbeitszeit: 1 ¼–1 ¾ Stunden

Zutaten

1 Aubergine
1–1¼ TL Salz
1 rote Zwiebel
2 Knoblauchzehen
2 Paprikaschoten
1–2 Zucchini (je nach Größe)
etwa 500 g Tomaten
1 EL Thymian (frisch oder getrocknet)
1 EL Rosmarin (frisch oder getrocknet)
Öl zum Anbraten
⅛–¼ TL gemahlener Pfeffer
2 EL Tomatenmark

Zubereitung

1 Die Aubergine waschen, putzen, längs vierteln, mit etwa ½ TL Salz bestreuen und ziehen lassen. Währenddessen die Zwiebel und die Knoblauchzehen waschen, schälen und klein hacken.

2 Die Paprikaschoten, Zucchini und Tomaten waschen, putzen und in grobe Stücke würfeln.

3 Evtl. frische Kräuter waschen und hacken. Die Auberginenstücke kurz mit Wasser abspülen, trocken tupfen und ebenfalls würfeln.

4 Ausreichend Öl in einem großen Topf erhitzen. Zunächst Zwiebel- und Knoblauchwürfel darin anbraten, danach die Auberginenstücke, etwa 5 Minuten später die Zucchini- und Paprikastücke und zum Schluss die Tomatenstücke.

5 Die Kräuter, dann den Pfeffer und ½–¾ TL Salz zugeben und gut unterrühren, danach das Tomatenmark. Mit 150–200 ml Wasser auffüllen, aufkochen und im geschlossenen Topf unter gelegentlichem Rühren etwa 10 Minuten schmoren lassen, bis die Auberginen weich sind. Abschmecken und evtl. nachwürzen.

Variante mit Fleisch: Braten Sie nach den Zwiebeln 250–500 g Hackfleisch (je nach Geschmack) an und geben dafür weniger Gemüse zu.

Dazu passt am besten: Baguette, evtl. auch anderes Weißbrot und Reis

Reisgericht mit Safran
Paella

Aus Spanien
Schwierigkeitsgrad: für Anfänger
Laktosefrei
Mit Fleisch, Meeresfrüchten oder vegan

Arbeitszeit: 1 ¼–1 ½ Stunden

Zutaten

400 g Hähnchenbrustfilet, Meeresfrüchte oder Zucchini
1 Zwiebel
1–2 Knoblauchzehen
1 Möhre
Öl zum Anbraten
150 g Reis
1 gelbe Paprika
400 g Tomaten
1 EL Rosmarin (frisch oder getrocknet)
1 EL Thymian (frisch oder getrocknet)
1 TL Salz
½ TL Paprikapulver
0,1 g gemahlener Safran

Zubereitung

1 Je nach Geschmack Hähnchenbrustfilets, Meeresfrüchte oder Zucchini waschen und in Würfel schneiden.

2 Zwiebel und Knoblauchzehen waschen, schälen und klein schneiden. Möhre waschen, schälen und in Scheiben schneiden.

3 In einer großen Pfanne oder in einem großen Topf Öl erhitzen. Je nach Geschmack Zwiebelwürfel und Hähnchenstücke anbraten, bis das Fleisch nicht mehr rosa ist. Alternativ Zwiebeln und Meeresfrüchte kurz anbraten oder nur die Zwiebeln andünsten, bis sie glasig sind.

4 450 ml Wasser und den Reis zugeben und aufkochen. Möhrenscheiben hinzufügen und 15 Minuten bei geringer Hitzezufuhr kochen.

5 Währenddessen Paprika waschen, putzen und klein schneiden. Tomaten ebenfalls waschen und in Achtel schneiden. Paprika und evtl. Zucchini zugeben und weitere 10 Minuten kochen.

6 Währenddessen evtl. frische Kräuter waschen und hacken. Kräuter, Salz, Knoblauch und Gewürze unterrühren. Die Tomatenstücke obenauf legen. Alles etwa 5 Minuten lang gar ziehen lassen und danach servieren.

Eierspeise mit Gemüse

Flan de verduras

Aus Spanien
Schwierigkeitsgrad: für Anfänger
Kann laktosearm zubereitet werden
Vegetarisch, mit Eiern

Arbeitszeit: 1–1 ½ Stunden
Gesamtzeit: 1 ½–2 Stunden

Zutaten

300 g frisches oder aufgetautes TK-Gemüse (z. B. Brokkoli, Blumenkohl, Spargel, Möhren)
Öl zum Einfetten der Auflaufförmchen
350 g Milch (evtl. laktosearm)
4 Eier
1 TL Salz
⅛ TL gemahlener Muskat
¼ TL gemahlener Pfeffer
100 g geriebener Käse (evtl. laktosearm)

Zubereitung

1 Gemüse evtl. waschen, putzen und in kleine Stücke schneiden. Anschließend in einer Pfanne mit gut schließendem Deckel mit wenig Wasser (Boden bedeckt) garen, bis das Gemüse weich ist. Dabei gelegentlich umrühren und kontrollieren, ob noch genug Wasser in der Pfanne ist.

2 Währenddessen kleine Auflaufförmchen oder Silikonförmchen bzw. hitzefeste Schälchen mit Öl einpinseln. Eine große Auflaufform, einen Topf oder eine Fettpfanne heraussuchen, in die die Förmchen später gestellt werden können.

3 Das Gemüse etwas abkühlen lassen. Backofen vorheizen. Dann das Gemüse sehr klein schneiden und anschließend in einem Topf zusammen mit 350 ml Milch erwärmen, aber nicht kochen.

4 Die Eier, Salz und Gewürze gut verquirlen und zur warmen Gemüse-Milch-Mischung geben. Alles sofort in die Auflaufförmchen füllen und diese in die große Form oder Fettpfanne stellen. Mit geriebenem Käse bestreuen.

5 Die große Form vorsichtig mit warmem Leitungswasser füllen und 20–30 Minuten im Backofen bei 185–195 °C, Umluft bei 165–175 °C backen, bis die Masse gestockt und der Käse leicht braun ist.

6 Die gestockte Masse aus den Förmchen auf eine Servierplatte stürzen.

Dazu passt am besten: Grüner Salat und Weißbrot

Gorgonzolareis
Risotto al gorgonzola

Aus Italien
Schwierigkeitsgrad: für Anfänger
Enthält Laktose
Vegetarisch, mit Käse

Arbeitszeit: 30–40 Minuten

Zutaten

1 Zwiebel
Öl zum Anbraten
gekörnte Gemüsebrühe für 600 ml Flüssigkeit
300 g Langkornreis
200 g Gorgonzola
¼–½ TL gemahlener Pfeffer

Zubereitung

1 Zwiebel waschen, schälen, klein schneiden und in heißem Öl in einem Topf anbraten. Dabei ab und zu umrühren. Währenddessen 600 ml Gemüsebrühe zubereiten.

2 Die Gemüsebrühe zu den Zwiebeln in den Topf geben und aufkochen. Dann den Reis hineingeben und bei geringer Hitzezufuhr garen. Ab und zu durchrühren.

3 Währenddessen den Gorgonzola in sehr kleine Stückchen schneiden.

4 Wenn der Reis gar ist, evtl. noch vorhandene Flüssigkeit abgießen. Dann mit Pfeffer würzen, die Gorgonzolastückchen zugeben und sofort gut durchrühren. Bei ganz geringer Hitzezufuhr und geschlossenem Deckel durchwärmen lassen, bis der Gorgonzola zerlaufen ist. Abschmecken und evtl. nachwürzen. Sofort servieren.

Dazu passt am besten: Blattsalat oder gemischter Salat

Nudeln mit Gemüse und Mozzarella
Pasta con verdure e mozzarella

Aus Italien
Schwierigkeitsgrad: für Anfänger
Kann laktosearm zubereitet werden
Vegetarisch, mit Käse

Arbeitszeit: 20–30 Minuten
Gesamtzeit: 45–60 Minuten

Zutaten

200 g Aubergine
etwa 1 ½ TL Salz
400 g Zucchini
10–15 g frischer Basilikum
60 g Mozzarella (evtl. laktosearm)
250 g Nudeln
Öl zum Anbraten
¼ TL gemahlener Pfeffer

Zubereitung

1 Aubergine waschen, putzen, schälen, in Scheiben schneiden und mit etwa ½ TL Salz bestreuen. Etwa 30 Minuten ziehen lassen. Danach abspülen und trocken tupfen.

2 Währenddessen die Zucchini waschen, putzen und in Scheiben schneiden. Basilikum waschen und abtropfen lassen. Mozzarella in sehr kleine Stückchen schneiden.

3 Wasser mit ½ TL Salz für die Nudeln aufsetzen und zum Kochen bringen. Die Nudeln in das kochende Wasser geben, bei geringer Hitzezufuhr kochen lassen. Ab und zu umrühren.

4 Währenddessen Basilikum hacken und das Gemüse garen: Auberginenscheiben in Stücke schneiden. Auberginenstücke in heißem Öl in einem Topf ca. 5 Minuten anbraten, dabei gelegentlich umrühren. Zucchinischeiben zugeben und weitere 5–10 Minuten braten lassen, bis das Gemüse weich ist.

5 Mit etwa 75–100 ml Wasser ablöschen und noch einmal erhitzen. Mit ½ TL Salz und ¼ TL Pfeffer würzen und umrühren.

6 Basilikum und Mozzarella zugeben, unterrühren und alles auf der ausgeschalteten, noch warmen Herdplatte bei geschlossenem Deckel wenige Minuten durchziehen lassen. Abschmecken und evtl. nachwürzen. Die Nudeln abgießen und alles sofort servieren.

Dazu passt am besten: Frischer Blattsalat

Riesenbohnen in Tomatensauce

Gigantes

Aus Griechenland

Schwierigkeitsgrad: für Anfänger

Laktosefrei

Vegan, dazu kann Fleisch serviert werden

Arbeitszeit: 20–30 Minuten
Gesamtzeit: 14–16 Stunden

Zutaten

250 g weiße Bohnen (getrocknet)
2 Zwiebeln
1–2 Knoblauchzehen
Öl zum Anbraten
gekörnte Gemüsebrühe für 250–500 ml Flüssigkeit
350–400 g geschälte Tomaten aus der Dose
3 EL Oregano (frisch oder getrocknet)
¼–½ TL gemahlener Pfeffer

Zubereitung

1 Die Bohnen in einer Schüssel mit reichlich lauwarmem Wasser übergießen und über Nacht quellen lassen. Zu Beginn der Zubereitung die Bohnen abspülen und in einem Durchschlag abtropfen lassen.

2 Zwiebeln und Knoblauchzehen waschen, schälen, klein schneiden und in heißem Öl in einem Topf anbraten. Dabei ab und zu umrühren. Währenddessen je nach Größe des Topfes 250–500 ml Gemüsebrühe zubereiten.

3 Die Bohnen in den Topf zu den Zwiebeln und dem Knoblauch geben. So viel Gemüsebrühe zugießen, bis die Bohnen ganz bedeckt sind. Unter gelegentlichem Rühren 2–2½ Stunden kochen, bis die Bohnen weich sind. Wenn Sie einen Schnellkochtopf verwenden, verkürzt sich die Kochzeit erheblich.

4 Währenddessen die Tomaten pürieren oder sehr klein schneiden. Evtl. frischen Oregano waschen und hacken. Wenn die Bohnen gar sind, die Tomaten zugeben und mit Pfeffer würzen. Noch einmal aufkochen lassen. Sollte noch viel Flüssigkeit im Topf sein, den Deckel abnehmen und das Ganze unter gelegentlichem Rühren einkochen.

5 Vor dem Servieren den Oregano zugeben, noch einmal abschmecken und evtl. nachwürzen.

Dazu passt am besten: Reis und gegrilltes oder gebratenes Lammfleisch

Linsenfrikadellen
Mercimek köftesi

Aus der Türkei
Schwierigkeitsgrad: für Fortgeschrittene
Laktosefrei
Vegan, dazu kann Fleisch serviert werden

Arbeitszeit: 2 ½ Stunden
Gesamtzeit: 3 Stunden

Zutaten

500 g Kartoffeln
¾ TL Salz
1 ½ Zwiebeln oder 2 Frühlingszwiebeln
2–3 EL Öl
150 g rote Linsen (getrocknet)
3 EL Dill (frisch oder getrocknet)
2 EL Petersilie (frisch oder getrocknet)
¾–1 TL Paprikapulver
½ TL gemahlene Muskatnuss
1 kleine Dose (ca. 70 g) Tomatenmark
40 g Maisgrieß
ca. 4–6 große Salatblätter zum Anrichten

Zubereitung

1 Kartoffeln waschen, schälen, in Stücke schneiden und in Wasser mit ¼ TL Salz gar kochen.

2 Zwiebeln oder Frühlingszwiebeln waschen, schälen, klein schneiden und in einem Topf in Öl andünsten. Dann Linsen und ca. 375 ml Wasser zugeben, aufkochen und ca. 10–20 Minuten lang gar kochen.

3 Evtl. frische Kräuter waschen und hacken und evtl. noch vorhandene Flüssigkeit von den Linsen abgießen.

4 Kartoffeln ebenfalls abgießen und stampfen. Dann Kräuter, Paprikapulver, Muskatnuss und Tomatenmark zugeben und alles unter die Linsen rühren.

5 Maisgrieß zugeben, unterrühren und bei geringer Hitzezufuhr 45 Minuten quellen lassen, dabei ab und zu umrühren. Dann abkühlen lassen.

6 Nach dem Abkühlen aus der Masse etwa fingerdicke Würstchen formen und auf einer Servierplatte anrichten, die mit gewaschenen und trocken getupften Salatblättern ausgelegt wurde.

Dazu passt am besten: Gegrilltes oder gebratenes Geflügel- oder Lammfleisch

Tipp: Köfte werden zum Essen in ein Salatblatt eingerollt.

Zitronen-Lauchgericht
Pirasa yemegi

Aus der Türkei

Schwierigkeitsgrad: für Anfänger

Laktosefrei

Vegan, dazu kann Fleisch serviert werden

Arbeitszeit: 1 ¾ Stunden

Zutaten

2 Zwiebeln
2 Möhren
4 Tomaten
6 Stangen Lauch
1 Zitrone
Öl zum Anbraten
1 EL Zucker
1 TL Salz
4 EL Reis

Zubereitung

1 Zwiebeln und Möhren waschen, schälen und in Würfel schneiden. Tomaten und Lauch waschen, putzen und klein schneiden. Zitrone auspressen.

2 Zwiebelwürfel in einem Topf in heißem Öl anbraten. Dann Möhren- und Tomatenstücke, Zitronensaft, Zucker und Salz unterrühren, Lauch hinzufügen und so lange unter Rühren andünsten, bis der Lauch zusammenfällt.

3 200 ml Wasser und den Reis zugeben, unter gelegentlichem Rühren gar kochen.

Dazu passt am besten: Gegrilltes oder gebratenes Hähnchen oder Lammfleisch

Gemüseomelette
Menemem

Aus der Türkei
Schwierigkeitsgrad: für Anfänger
Laktosefrei
Vegetarisch, mit Eiern

Arbeitszeit: 1 Stunde

Zutaten

2 Zwiebeln
ca. 375 g Paprikaschoten (oder anderes Gemüse)
Öl zum Anbraten
ca. 375 g Tomaten
6 Eier
½–1 TL Salz
⅛ TL gemahlener Pfeffer

Zubereitung

1 Zwiebeln waschen, schälen und würfeln. Paprika waschen, putzen und klein schneiden.

2 Zwiebeln in einem Topf in heißem Öl glasig dünsten. Paprikastücke und so viel Wasser zugeben, dass der Boden des Topfes mit Flüssigkeit bedeckt ist. Bei geschlossenem Deckel etwa 15 Minuten lang dünsten, bis die Paprika bissfest ist. Dabei ab und zu umrühren.

3 Währenddessen die Tomaten waschen, putzen und klein schneiden. Die Eier in eine Schüssel aufschlagen und mit Salz und Pfeffer verquirlen.

4 Tomatenstücke und die verquirlten Eier unter die Paprika rühren. Bei geringer Hitzezufuhr und unter ständigem Rühren die Eier stocken lassen.

Dazu passt am besten: Reis und Fladenbrot

Mariniertes Hähnchenfleisch
Djudjeh-kabab

Aus Persien
Schwierigkeitsgrad: für Anfänger
Laktosefrei
Mit Fleisch und veganer Variante

Arbeitszeit: 15–30 Minuten
Gesamtzeit: 4 ½–6 Stunden

Zutaten

evtl. Fett zum Einfetten der Form
1 Hähnchen (ca. 1 kg) oder 4 Hähnchenschenkel
1 Zwiebel
½ Zitrone
2 EL Öl
0,1 g gemahlener Safran
½ TL Paprikapulver
1 TL Salz
½ TL gemahlener Pfeffer
evtl. Grillspieße

Zubereitung

1 Evtl. eine Auflaufform fetten. Hähnchen in 4 Stücke zerteilen.

2 Hähnchenfleisch waschen und trocken tupfen. Wenn es gebacken werden soll, in die Auflaufform legen, wenn es gegrillt werden soll, in eine flache Schale.

3 Für die Marinade Zwiebel waschen, schälen und fein reiben. Zitrone auspressen. In einer Schüssel Zwiebelstückchen, Öl, 2 EL Zitronensaft, Safran, Paprikapulver, Salz und Pfeffer mischen.

4 Das Hähnchenfleisch mit Marinade einpinseln und den Rest der Marinade darübergießen. 4–5 Stunden im Kühlschrank durchziehen lassen.

5 Das Hähnchenfleisch entweder in der Marinade im Backofen bei 190–200 °C, Umluft bei 170–180 °C 45–60 Minuten backen oder auf Grillspieße stecken, die Marinade abtropfen lassen und das Fleisch grillen, bis es braun ist.

Vegane Variante: Nehmen Sie anstelle des Hähnchenfleischs 2 große oder 3 kleine Auberginen. Auberginen waschen, längs vierteln und mit ca. 1 TL Salz einreiben. Etwa 30 Minuten ziehen lassen. Danach mit Wasser abspülen und trocken tupfen. Die Auberginen mit der Marinade einstreichen und etwa 1 Stunde durchziehen lassen. In einer gefetteten Auflaufform oder Fettpfanne im Backofen bei 190–200 °C, Umluft bei 170–180 °C etwa 30 Minuten lang backen, bis die Auberginen weich sind.

Dazu passt am besten: Basmatireis und Salat

Kartoffeln mit Gemüse
Alu gobhi

Aus Indien
Schwierigkeitsgrad: für Anfänger
Kann laktosefrei zubereitet werden
Vegetarisch, dazu kann Fleisch serviert werden

Arbeitszeit: 1 ½–1 ¾ Stunden

Zutaten

etwa 500 g Blumenkohl (frisch oder aufgetaut)
etwa 400 g Kartoffeln
2 Zwiebeln
30–80 g frische Ingwerknolle (nach Geschmack)
2–3 Tomaten
Öl zum Anbraten
3 EL Naturjoghurt (evtl. laktosearm oder weglassen)
150 g vorgegarte TK-Erbsen
1 TL Salz
¼ TL getrocknete Chiliflocken
⅛ TL gemahlene Kurkuma
⅛ TL gemahlener Kreuzkümmel
⅛ TL gemahlener Koriander
½ TL Paprikapulver

Zubereitung

1 Blumenkohl waschen, putzen und in kleine Röschen teilen. Kartoffeln schälen, waschen und in kleine Stücke schneiden.

2 Zwiebeln waschen, schälen und klein schneiden. Ingwer waschen, schälen und in ein Schälchen reiben. Tomaten waschen, putzen und klein schneiden.

3 Zwiebeln in einem großen Topf in heißem Öl anbraten. Dabei ab und zu umrühren. Dann die Blumenkohlröschen und Kartoffelstückchen zugeben und ebenfalls anbraten. Nach etwa 5 Minuten mit ¼ l Wasser ablöschen. Joghurt zugeben und unterrühren. Den Joghurt bei laktosefreier Zubereitung weglassen.

4 TK-Erbsen zugeben, danach Salz und Gewürze. Alles gut durchrühren. Unter gelegentlichem Rühren 15–20 Minuten kochen lassen, dann die Tomatenstücke zugeben. Weitere 5–10 Minuten kochen, bis das ganze Gemüse gar ist. Abschmecken und evtl. nachwürzen.

Dazu passt am besten: Reis und Geflügel

Frischkäse mit Fenchelgemüse
Panir

Aus Indien
Schwierigkeitsgrad: für Anfänger
Der Frischkäse kann laktosearm zubereitet werden, das Fenchelgemüse ist laktosefrei
Vegetarisch

Arbeitszeit: 40–60 Minuten
Gesamtzeit: 4 ½–5 ½ Stunden

Zutaten

Für den Frischkäse

1–2 saftige Zitronen
1 Knoblauchzehe
sauberes Tuch
2,5 l Frischmilch (1,5 oder 3 % Fett; evtl. laktosearm)
1 EL gemahlener Koriander
⅛–¼ TL Salz

Für das Fenchelgemüse

1 Fenchelknolle (etwa 600–800 g)
½–¾ TL Salz
¼ TL gemahlener Koriander
¼ TL gemahlene Kurkuma
¼ TL gemahlener Pfeffer
¼ TL gemahlener Kreuzkümmel

Zubereitung Frischkäse

1 Die Zitrone auspressen. Sie brauchen etwa 45 ml Zitronensaft. Den Knoblauch waschen, schälen und zerdrücken. Einen Durchschlag mit einem sauberen Tuch (Mullwindel oder dünnes Geschirrtuch) auslegen. Den Durchschlag auf eine Schüssel oder einen Topf setzen.

2 Die Milch unter ständigem Rühren aufkochen, von der Herdplatte nehmen und den Zitronensaft einrühren. Den Topf wieder auf die Herdplatte stellen und kurz unter ständigem Rühren erhitzen, bis sich der Käse (weißliche Flocken) von der Molke (durchsichtig weißliche Flüssigkeit) trennt. Dann den Topf sofort von der Herdplatte nehmen.

3 Den gesamten Inhalt des Topfes durch das Tuch im Durchschlag gießen. Koriander und Salz zum Inhalt des Durchschlags geben und gut durchrühren.

4 Flüssigkeit durch Zusammendrücken des Tuchs abpressen. Das Ganze zurück in den Durchschlag geben. Den Durchschlag mit einem Teller oder einem Deckel abdecken und auf einer Schüssel oder einem Topf für mindestens 4–5 Stunden in den Kühlschrank stellen. Zum Servieren den Frischkäse aus dem Tuch in eine Schüssel geben.

Zubereitung Fenchelgemüse

1 Fenchel waschen, putzen, in kleine Stücke schneiden und in wenig Wasser mit ¼ TL Salz ca. 20–30 Minuten weich kochen. Dabei ab und zu umrühren.

2 Die Flüssigkeit abgießen und mit ¼–½ TL Salz sowie Koriander, Kurkuma, Pfeffer und Kreuzkümmel würzen. Abschmecken und evtl. nachwürzen. Zusammen mit dem Frischkäse servieren.

Dazu passt am besten: Reis. Zum Fenchelgemüse schmeckt auch gekochtes Hühnerfleisch.

Gefüllte Paprika

Aus China

Schwierigkeitsgrad: für Anfänger

Laktosefrei

Mit Fleisch und vegetarischer Variante

Arbeitszeit: 30 Minuten
Gesamtzeit: 60 Minuten

Zutaten

300 g Ananas (frisch oder aus der Dose)
1 Zwiebel
Öl zum Anbraten
500 g Hackfleisch
1 Ei
½ TL Salz
½ TL chinesische Gewürzmischung
4 große rote Paprikaschoten
Fett zum Einfetten der Form

Zubereitung

1 Ananas aus der Dose in einem Durchschlag abtropfen lassen. Frische Ananas waschen und schälen. Ananas in kleine Stücke schneiden. Zwiebel waschen, schälen, würfeln und in einem großen Topf mit Öl anbraten, danach das Hackfleisch.

2 Ei in einem Schälchen aufschlagen, mit Salz und der Gewürzmischung verquirlen, in den Topf geben und unter ständigem Rühren so lange erhitzen, bis das Ei gestockt ist. Vom Herd nehmen, abkühlen lassen und die Ananasstückchen unterrühren.

3 Währenddessen die Paprikaschoten waschen, den Stil und die Kerne entfernen. Eine Auflaufform fetten und die Paprikaschoten so hineinsetzen, dass sie nicht umfallen können.

4 Die Paprikaschoten mit der Hackfleischmischung füllen. Auf unterster Schiene im Backofen bei 190–200 °C, Umluft bei 170–180 °C ca. 20–30 Minuten backen, bis die Haut der Paprika Falten wirft.

Vegetarische Variante: Garen Sie 125 g Reis in Salzwasser und ersetzen damit das Hackfleisch. Die Zubereitungszeit verlängert sich dadurch um ca. 30 Minuten.

Dazu passt am besten: Reis

Eierreis
Dan chao fan

Aus China
Schwierigkeitsgrad: für Anfänger
Laktosefrei
Vegetarisch, dazu kann Fleisch oder Fisch serviert werden

Arbeitszeit: 20–30 Minuten
Gesamtzeit: 45–60 Minuten

Zutaten

330 g Langkornreis
¾–1 TL Salz
4–5 Lauchzwiebeln
Öl zum Anbraten
6 Eier
¼–½ TL gemahlener Pfeffer
5–7 TL Sojasauce

Zubereitung

1 Reis mit 650 ml Wasser und ¼ TL Salz weich kochen. Evtl. überschüssiges Wasser abgießen.

2 Währenddessen Lauchzwiebeln waschen, schälen, klein schneiden und in einer großen Pfanne in heißem Öl anbraten. Dabei ab und zu umrühren. Eier in eine Schüssel aufschlagen und mit einer Gabel gut verquirlen.

3 Den Reis zu den Zwiebeln in die Pfanne geben, mit ½ TL Salz und Pfeffer würzen und umrühren. Dann das verquirlte Ei hinzufügen und bei geringer Hitzezufuhr unter ständigem Rühren erhitzen, bis das Ei gestockt ist.

4 Mit Sojasauce nach Geschmack würzen. Abschmecken und evtl. nachwürzen.

Dazu passt am besten: Gebratenes Geflügel- oder Schweinefleisch oder gebratener Fisch

Tipp: Dazu können Sie Tomatenscheiben servieren, die Sie dachziegelartig auf einen Teller legen und großzügig mit Zucker bestreuen. Wenn Sie den Eierreis als Beilage zubereiten, halbieren Sie die Zutatenmengen.

Fleischklößchen
Wan tse

Aus China
Schwierigkeitsgrad: für Anfänger
Laktosefrei
Mit Fleisch

Arbeitszeit: 45–60 Minuten

Zutaten

1 Möhre
½ rote Paprikaschote
1 Zwiebel
1 Knoblauchzehe
500 g Hackfleisch
1 Ei
1 EL Sojasauce
½ TL Salz
etwas gemahlener Pfeffer
Öl zum Braten

Zubereitung

1 Möhre und Paprika waschen, putzen, klein schneiden und in wenig Wasser in einem Topf oder einer Pfanne 5 Minuten andünsten.

2 Zwiebel und Knoblauch waschen, schälen und klein schneiden.

3 Hackfleisch mit dem Gemüse, Zwiebel, Knoblauch, Ei, Sojasauce, Salz und Pfeffer gut mischen und zu kleinen Bällchen formen.

4 Öl in einer Pfanne erhitzen und die Hackbällchen von beiden Seiten braun braten.

Dazu passt am besten: Reis und Gemüse

Nudelpfanne

Aus China
Schwierigkeitsgrad: für Anfänger
Laktosefrei
Vegan, dazu kann Fleisch serviert werden

Arbeitszeit: 30–45 Minuten
Gesamtzeit: 1 ½–1 ¾ Stunden

Zutaten

25 g getrocknete Mu-Err-Pilze (oder andere chinesische Pilze; erhältlich z. B. in vielen Supermärkten)
150 g Reisnudeln (erhältlich z. B. in vielen Supermärkten)
2–3 Lauchzwiebeln
250 g Möhren
200 g Brokkoli (frisch oder aufgetaut)
Öl zum Anbraten
gekörnte Gemüsebrühe für 50–150 ml Wasser
1 Knoblauchzehe
1–1 ½ TL chinesische Gewürzmischung
¼–½ TL Salz
evtl. 1 Tropfen Tabasco

Zubereitung

1 Pilze in kaltem Wasser nach Packungsanleitung einweichen. Währenddessen Reisnudeln nach Packungsanleitung garen. Abgießen.

2 Lauchzwiebeln waschen, schälen und klein schneiden. Möhren waschen, putzen und klein schneiden. Brokkoli evtl. waschen und in kleine Röschen zerteilen.

3 Zwiebeln in heißem Öl in einem Topf anbraten. Mit so viel Wasser ablöschen, dass der Topfboden von Flüssigkeit bedeckt ist. Aufkochen und gekörnte Gemüsebrühe einrühren. Pilze und Möhren zugeben, 5 Minuten kochen. Dann Brokkoli zugeben und 10–15 Minuten lang gar dünsten. Dabei ab und zu umrühren.

4 Knoblauch waschen, schälen und zerdrücken. Reisnudeln unter das Gemüse rühren. Mit Knoblauch, chinesischer Gewürzmischung und Salz, evtl. mit Tabasco würzen. Abschmecken und evtl. nachwürzen.

Dazu passt am besten: Gebratenes Hühner-, Enten- oder Putenfleisch

Chili-Eintopf
Chili non carne

Aus Texas und Mexiko
Schwierigkeitsgrad: für Anfänger
Laktosefrei
Vegan, kann auch mit Fleisch zubereitet werden

Arbeitszeit: 45–60 Minuten

Zutaten

1 Zwiebel
1 Knoblauchzehe
300 g Zucchini (alternativ 150 g Zucchini und 150 g Aubergine oder Tofu)
Öl zum Anbraten
500 g geschälte Tomaten aus der Dose
ca. 70 g Tomatenmark
½ TL Salz
⅛–¼ TL gemahlener Kreuzkümmel
⅛–¼ TL gemahlener Koriander
¼–½ TL Cayennepfeffer
½–¾ TL Chiliflocken
evtl. ganze getrocknete Chilis

Zubereitung

1 Zwiebel und Knoblauchzehe waschen, schälen und klein schneiden. Zucchini und evtl. Aubergine waschen, putzen und klein schneiden. Evtl. Tofu in Stücke schneiden.

2 Zwiebel und Knoblauch in einem Topf in heißem Öl anbraten. Gemüse, Tomaten, Tomatenmark und 100 ml Wasser zugeben, durchrühren und kochen, bis das Gemüse weich ist. Dabei ab und zu umrühren.

3 Mit Salz und den Gewürzen den Eintopf würzen, abschmecken und evtl. nachwürzen. Wenn Sie es gerne sehr scharf mögen, geben Sie vorsichtig ganze getrocknete Chilis zu und schmecken Sie dabei immer wieder ab.

Variante mit Fleisch: Bei der Zubereitung von Chili con Carne, also der Zubereitung mit Fleisch, ersetzen Sie die Zucchini durch 300 g Hackfleisch und braten dieses an, wenn die Zwiebeln braun sind.

Dazu passt am besten: Kidneybohnen und Reis. Die Kidneybohnen werden original separat serviert und nicht mit in den Eintopf gegeben.

Reis mit Bohnen und geröstetem Maniokmehl
Arroz com feijão preto e farofa

Aus Brasilien

Schwierigkeitsgrad: für Anfänger

Laktosefrei

Vegetarisch, dazu kann Fleisch serviert werden

Arbeitszeit: 45–60 Minuten
Gesamtzeit: 14–16 Stunden

Zutaten

Für den Reis mit Bohnen

200 g schwarze Bohnen (getrocknet)
¾ TL Salz
1–2 Zwiebeln
2 Knoblauchzehen
1 Paprikaschote
200–300 g Tomaten
Öl zum Anbraten
200 g Langkornreis
¼ TL gemahlener Pfeffer

Für das Maniokmehl

1 Zwiebel
Öl zum Anbraten
2 Eier
½ TL Salz
300 g Maniokmehl (z. B. bei Internetversendern erhältlich)

Zubereitung Reis mit Bohnen

1 Bohnen in einem Durchschlag abspülen und über Nacht in einer Schüssel in reichlich Wasser einweichen. Vor dem Kochen Bohnen abgießen und noch einmal in einem Durchschlag abspülen. In einem Topf mit 600–1000 ml Wasser (je nach Größe des Topfes) und ¼ TL Salz ca. 45–60 Minuten weich kochen. Dann abgießen. Wenn Sie die Bohnen in einem Schnellkochtopf kochen, reduziert sich die Zubereitungszeit erheblich.

2 Währenddessen Zwiebeln und Knoblauchzehen waschen, schälen und klein schneiden. Paprikaschote und Tomaten waschen, putzen und ebenfalls klein schneiden.

3 Zwiebeln und Knoblauch in einem Topf in heißem Öl anbraten. Paprika- und Tomatenstücke zugeben und ebenfalls anbraten. Dabei ab und zu umrühren. Nach etwa 5 Minuten die weichen Bohnen, Reis, 500 ml Wasser und ½ TL Salz hinzufügen. 20–25 Minuten kochen, bis der Reis weich ist. Dabei ab und zu umrühren.

4 Evtl. überschüssiges Wasser abgießen und mit Pfeffer würzen. Abschmecken und evtl. nachwürzen.

Zubereitung geröstetes Maniokmehl

1 Zwiebel waschen, schälen, klein schneiden und in einer Pfanne in heißem Öl anbraten.

2 Eier zugeben. Bei geringer Hitzezufuhr unter ständigem Rühren stocken lassen. Weiterrühren, bis das gestockte Ei in ganz kleine Stückchen zerteilt ist. Mit Salz würzen.

3 Das Maniokmehl zugeben und unter ständigem Rühren erwärmen. Sofort auf einer Platte zu dem Bohnen-Reis servieren.

Dazu passt am besten: Gegrilltes Rindfleisch und Salat

Maisbrei mit Spinat
Ugali

Aus Kenia
Schwierigkeitsgrad: für Anfänger
Laktosefrei
Vegan, dazu kann Fleisch oder Fisch serviert werden

Arbeitszeit: 20–30 Minuten

Zutaten

Für den Spinat
1 Zwiebel
100–150 ml Kokosmilch (z. B. in vielen Supermärkten bei Asienprodukten erhältlich)
500 g TK-Blattspinat

Für den Maisbrei
¾ TL Salz
180 g Maismehl
evtl. Fett zum Einfetten

Zubereitung Spinat

1 Zwiebel waschen, schälen und hacken.

2 Kokosmilch in der Tüte gut mischen, da sie sich meistens abgesetzt hat. So viel davon in den Topf geben, dass der Boden ganz bedeckt ist.

3 Blattspinat und Zwiebelstücke dazugeben, unter gelegentlichem Rühren auftauen lassen und ca. 10 Minuten bei geringer Hitzezufuhr kochen lassen, bis der Spinat gar ist. Währenddessen den Maisbrei zubereiten.

Zubereitung Maisbrei

1 500 ml Wasser zum Kochen bringen. Salz und Maismehl einrühren und unter ständigem Rühren bei ganz geringer Hitzezufuhr ca. 5 Minuten ziehen lassen.

2 Evtl. zum Formen sofort in eine gefettete Schüssel füllen und zum Servieren auf eine Platte stürzen. Sonst einfach in eine Schüssel füllen und zum Spinat servieren.

Dazu passt am besten: Gegrilltes Straußenfleisch oder Fisch

Linsen in scharfer Sauce
Wot

Aus Äthiopien
Schwierigkeitsgrad: für Anfänger
Laktosefrei
Vegan, kann auch mit Fleisch zubereitet werden

Arbeitszeit: 15–20 Minuten
Gesamtzeit: 30–40 Minuten

Zutaten

2 Zwiebeln
Öl zum Abraten
400 g Tellerlinsen (getrocknet)
½ TL Salz
¼–½ TL gemahlener Pfeffer
¼–½ TL Cayennepfeffer
⅛–¼ TL gemahlener Ingwer
⅛ TL gemahlene Kurkuma
⅛ TL gemahlener Kreuzkümmel
wenig gemahlener Koriander
wenig gemahlener Kardamom
wenig gemahlene Bockshornkleesamen
wenig gemahlene Nelken
wenig gemahlener Piment
wenig gemahlener Zimt

Zubereitung

1 Zwiebeln waschen, schälen, klein schneiden und in heißem Öl in einem Topf anbraten. Linsen und etwa 550 ml Wasser zugeben, aufkochen lassen und bei geringer Hitzezufuhr 15–20 Minuten kochen lassen, bis die Linsen weich sind. Ab und zu umrühren. Evtl. noch etwas Wasser nachgießen, wenn zu wenig Flüssigkeit im Topf ist.

2 Salzen, würzen, abschmecken und evtl. nachwürzen. Die Sauce sollte sehr scharf sein.

Variante mit Fleisch: Dünsten Sie anstelle der Linsen etwa 500 g Hähnchenbrustfilets, die Sie vorher gewaschen und trocken getupft haben. Wenn das Fleisch gar ist, weiterverfahren wie oben beschrieben.

Dazu passt am besten: Reis oder Ugali (siehe Rezept Seite 72)

Tipp: Eigentlich isst man Sauerteigfladen, Injera genannt, dazu. Wenn Sie Sauerteigbrot mögen und eine moderne beschichtete Pfanne haben, können Sie Injera selber zubereiten. Sie brauchen dafür 200 g Teffmehl, 1 P Trockenhefe, 25 g fertiger glutenfreier Sauerteig (z. B. von Hammermühle), ½ TL Salz, ¼ TL Johannisbrotkernmehl und 400 ml lauwarmes Wasser. Den Teig etwa 1 Stunde gehen lassen, portionsweise in die Pfanne füllen und nur von einer Seite bei geringer Hitzezufuhr backen. Kein Öl verwenden! Injera sofort aus der Pfanne servieren.

Apfel-Rosinen-Risotto

Aus Namibia

Schwierigkeitsgrad: für Anfänger

Laktosefrei

Vegan, dazu kann Fleisch serviert werden

Arbeitszeit: 45–60 Minuten
Gesamtzeit: 1–1 ¼ Stunden

Zutaten

1 kleine Zwiebel

Butter oder Margarine (evtl. ohne Milchanteil) zum Anbraten

450–500 ml Apfelsaft (oder Wasser)

150 g Basmatireis

¾ TL Salz

1 TL gemahlene Kurkuma

2 TL gemahlener Zimt

18 g brauner Zucker

4 Äpfel

75 g Rosinen

Zubereitung

1 Zwiebel waschen, schälen, klein schneiden und in heißer Butter oder Margarine anbraten.

2 Mit 450 ml Apfelsaft oder Wasser ablöschen und den Reis zugeben. Salz, Gewürze und Zucker hinzufügen, gut durchrühren. Den Zimt streuen Sie am besten großflächig ein, damit er keine Klümpchen bildet. So lange rühren, bis kein Zimt mehr erkennbar ist. Etwa 15 Minuten unter gelegentlichem Rühren kochen lassen. Evtl. noch etwas Flüssigkeit zugeben, wenn alle Flüssigkeit aufgesogen, der Reis aber noch nicht gar ist.

3 Währenddessen die Äpfel waschen, schälen, vom Kernhaus befreien und in kleine Stücke schneiden.

4 Rosinen und Apfelstücke zum Reis geben, gut durchrühren und unter gelegentlichem Rühren etwa 10 Minuten kochen lassen. Evtl. noch etwas Flüssigkeit zugeben.

5 Abschmecken, evtl. nachwürzen und gleich servieren.

Dazu passt am besten: Gegrilltes oder gebratenes Lamm- oder Straußenfleisch

Tipp: Wählen Sie für das Risotto möglichst saure Äpfel. Dann wird der Geschmack intensiver.

Scharfes Gemüseallerlei
Chakalaka

Aus Südafrika

Schwierigkeitsgrad: für Anfänger

Laktosefrei

Vegan, dazu kann Fleisch serviert werden

Arbeitszeit: 1 ¼–1 ½ Stunden

Zutaten

½ Zwiebel

1 Knoblauchzehe

½ Chilischote

1 ½ Paprikaschoten

250 g Möhren

250 g Weißkohl

Öl zum Anbraten

200–250 g grüne Erbsen aus der Dose

¼–½ TL Cayennepfeffer

¼–½ TL Paprikapulver

½ TL Salz

⅛–¼ TL gemahlener Pfeffer

Zubereitung

1 Zwiebel und Knoblauch waschen, schälen und klein schneiden. Chilischote und Paprikaschoten waschen, putzen und klein schneiden. Möhren waschen, schälen und raspeln. Weißkohl sehr klein schneiden und waschen.

2 Zunächst die Zwiebel und den Knoblauch in heißem Öl anbraten, danach die Chilischote und die Paprikastücke. Dabei ab und zu umrühren.

3 Möhren, Weißkohl und ein klein wenig Wasser zugeben. 10–15 Minuten unter gelegentlichem Rühren dünsten, bis das Gemüse gar ist. Erbsen zugeben, unterrühren und kurz durchwärmen lassen.

4 Würzen Sie zunächst vorsichtig mit den angegebenen Gewürzen. Schmecken Sie ab und würzen Sie evtl. nach, damit die Chakalaka nicht zu scharf wird.

Dazu passt am besten: Gebratenes Straußenfleisch und Brot

Tipp: Chakalaka kann warm oder kalt serviert werden.

PFANNKUCHEN UND HERZHAFTES GEBÄCK

Pikanter Kuchen

Aus Afghanistan
Schwierigkeitsgrad: für Anfänger
Kann laktosearm zubereitet werden
Vegetarisch

Arbeitszeit: 30–45 Minuten
Gesamtzeit: 1–1 ¼ Stunden

Zutaten für Springform (Ø 26 cm)

100 g Butter oder Margarine (evtl. ohne Milchanteil)
½ TL Salz
2 Eier
125 g Vollkornreismehl
125 g Mehl Mix C von Schär
¼ TL Johannisbrotkernmehl
½ TL Flohsamen
1 P Backpulver
2–4 saftige Orangen
Fett zum Einfetten der Form
100 g geriebener Gouda (evtl. laktosearm)

Zubereitung

1 Butter oder Margarine mit dem Salz in einer großen Schüssel verrühren. Eier zugeben und so gut wie möglich vermischen. Beide Mehle mit Johannisbrotkernmehl, Flohsamen und Backpulver mischen, zur Fett-Ei-Mischung geben, rühren und dann kneten, bis alles gut durchmischt ist.

2 So viele Orangen auspressen, dass Sie etwa 125 ml Saft erhalten. Diesen nach und nach zum Teig geben und unterrühren, bis der Teig die Konsistenz eines Rührteigs hat. Backofen vorheizen.

3 1 Orange waschen, schälen, in Scheiben zerteilen und diese in kleine Stücke schneiden. Die Stücke in den Teig einrühren.

4 Eine Springform einfetten. Den Teig einfüllen und etwa 15–20 Minuten im Backofen bei 170–180 °C, Umluft bei 150–160 °C backen, bis der Kuchen braun wird. Dann den geriebenen Käse darüberstreuen und noch 5 Minuten weiterbacken, bis der Käse zerläuft. Noch weitere 5 Minuten im ausgeschalteten Backofen stehen lassen. Den Kuchen in der Form auskühlen lassen, herausnehmen und kalt servieren.

Fladenbrot mit Sesam und Mohn

Nan lavash

Aus Persien
Schwierigkeitsgrad: für Fortgeschrittene
Kann laktosefrei zubereitet werden
Vegetarisch, kann vegan zubereitet werden

Arbeitszeit: 30–45 Minuten
Gesamtzeit: 1 ½–1 ¾ Stunden

Zutaten

125 g Mehl Mix C von Schär
125 g Mehl Mix plus von Hammermühle
1 P Trockenhefe
½ TL gemahlene Flohsamen
¼ TL Johannisbrotkernmehl
1 EL Zucker
1 TL Salz
2 EL Öl
75–100 ml Milch (evtl. laktosearm oder Wasser)
Backpapier
Mehl zum Bestreuen
3–6 g Mohnkörner (je nach Geschmack)
3–6 g Sesamkörner (je nach Geschmack)

Zubereitung

1 Beide Mehle, Trockenhefe, Flohsamen, Johannisbrotkernmehl, Zucker und Salz in einer Schüssel mischen.

2 Öl, 50 ml Wasser und ca. 75 ml Milch (oder insgesamt 125 ml Wasser) in einem anderen Gefäß gut mischen. Sofort zur Mehlmischung in die Schüssel geben, erst gut durchrühren, dann zu einem homogenen Teig verkneten. Evtl. nach und nach noch Milch (oder Wasser) zugeben und unterkneten, wenn der Teig zu trocken ist. Der Teig soll sich leicht feucht anfühlen, aber nicht kleben oder reißen.

3 Aus dem Teig zwei Teigbälle formen und zugedeckt in einer Schüssel etwa 30–40 Minuten im Backofen bei ca. 50 °C gehen lassen. Währenddessen ein großes Stück Backpapier für das Ausrollen des Teiges mit Mehl bestreuen.

4 Den Teig aus dem Ofen nehmen und den Backofen auf 230–240 °C, Umluft 210–220 °C vorheizen. Nacheinander die beiden Teigbälle zwischen zwei Lagen Backpapier ganz dünn ausrollen. Das obere Backpapier abziehen. Den Teig vorsichtig auf dem unteren Backpapier auf ein Backblech ziehen. Nach Geschmack mit Mohn und Sesam bestreuen. Die Körner leicht in den Teig drücken. Etwa 5–10 Minuten braun backen.

Dazu passt am besten: Salat und jede Art von Fleisch

Tipp: Das Fladenbrot sollte sofort frisch gegessen werden.

Eingebackenes Gemüse mit Joghurt-Dip
Vegetable pakora

Aus Indien
Schwierigkeitsgrad: für Anfänger
Das Gemüse ist laktosefrei, der Joghurt-Dip kann laktosearm zubereitet werden
Das Gemüse ist vegan, der Dip vegetarisch

Arbeitszeit: 1–1 ¼ Stunden
Gesamtzeit: 2–2 ¼ Stunden

Zutaten

Für das eingebackene Gemüse

250 g Kichererbsenmehl (z. B. in Reformhäusern und Bioläden erhältlich)
350–400 g Gemüse (z. B. Zucchini, Auberginen, Paprika, Kartoffeln)
2 TL Salz
1 TL gemahlener Pfeffer
Öl zum Ausbacken
Küchenpapier

Für den Joghurt-Dip

1 Zwiebel
ca. 30 g Gurke
ca. 30 g Tomate
2 EL Pfefferminzblätter (frisch oder getrocknet)
¼ TL gemahlener Pfeffer
⅛ TL gemahlener Kreuzkümmel
300 g Naturjoghurt (evtl. laktosearm)

Zubereitung eingebackenes Gemüse

1 Kichererbsenmehl mit 370–400 ml Wasser zu einem Teig verrühren. Der Teig muss so flüssig sein, dass man Gemüse hineintauchen kann. Den Teig eine Stunde quellen lassen.

2 Währenddessen das Gemüse waschen, putzen und in dünne Scheiben schneiden. Den Joghurt-Dip zubereiten. Den Teig noch einmal durchrühren, evtl. noch Wasser zugeben. Salz und Pfeffer unterrühren.

3 So viel Öl zum Ausbacken in einem Topf erhitzen, dass das Gemüse darin schwimmen kann. Dann die Gemüsescheiben in den Teig tauchen und im Öl goldbraun backen. Auf Küchenpapier abtropfen lassen und evtl. im Backofen warm halten, bis alles Gemüse ausgebacken ist.

Zubereitung Joghurt-Dip

1 Zwiebel waschen, schälen und sehr klein schneiden. Gurke und Tomate waschen und ebenfalls sehr klein schneiden. Evtl. frische Pfefferminze waschen und hacken.

2 Zwiebel, Gurke, Tomate, Pfefferminze und Gewürze in den Joghurt rühren. Den Joghurt-Dip zum eingebackenen Gemüse servieren.

Buchweizenpfannkuchen
Blini

Aus Russland
Schwierigkeitsgrad: für Anfänger
Kann laktosefrei zubereitet werden
Vegetarisch

Arbeitszeit: ca. 1 Stunde
Gesamtzeit: ca. 2 Stunden

Zutaten

300 g Buchweizenvollkornmehl
1 P Trockenhefe
¼ TL Salz
2 Eier
2 TL Zucker
90 ml Öl
300 ml Milch (evtl. laktosearm oder Wasser)
Öl zum Ausbacken
evtl. Küchenpapier

Zubereitung

1 Mehl mit Trockenhefe und Salz in einer großen Schüssel vermischen.

2 Eier trennen. Eigelb, Zucker, Öl und Milch (oder Wasser) in einer kleinen Schüssel verquirlen, zur Mehlmischung geben und gut durchrühren. Mindestens 30 Minuten gehen lassen.

3 Etwa 25–50 ml lauwarmes Wasser zugeben und gut durchrühren, bis der Teig flüssig genug ist. Das heißt, der Teig sollte ein klein wenig fließen können. Das Eiweiß zu Eischnee schlagen und vorsichtig unter den Teig heben. Den Teig noch einmal 30 Minuten gehen lassen.

4 Öl in der Pfanne erhitzen. Teig in die Pfanne geben und im heißen Fett backen. Wenn die Ränder braun werden, den Pfannkuchen wenden und von der anderen Seite backen.

5 Die Pfannkuchen im Backofen bei 70–80 °C auf einem Teller warm halten. Evtl. zwischen die einzelnen Pfannkuchen Küchenpapier zum Aufsaugen des Fetts legen.

Dazu passt am besten: Butter, Kompott oder Obst, aber auch Hackfleisch, Käse, Schinken und vieles mehr

Gemüsepuffer
Pitaroudia

Aus Griechenland
Schwierigkeitsgrad: für Anfänger
Kann laktosefrei zubereitet werden
Vegetarisch

Arbeitszeit: 1 ½–1 ¾ Stunden

Zutaten

400 g frisches Gemüse (z. B. Zucchini, Paprika oder Tomaten)
1 Zwiebel
2 EL Petersilie (frisch oder getrocknet)
2 EL Basilikum (frisch oder getrocknet)
125 g Mehl Farina von Schär
125 g Mehl Mix plus von Hammermühle
etwas Zucker
¼ TL Johannisbrotkernmehl
2 Eier
300 ml Milch (evtl. laktosearm oder Wasser)
1 ¼–1 ½ TL Salz
¼ TL gemahlener Pfeffer
Öl zum Ausbacken
evtl. Küchenpapier

Zubereitung

1 Das Gemüse waschen, putzen und reiben oder sehr klein schneiden. Zwiebel waschen, schälen und klein schneiden.

2 Zwiebel in wenig Wasser glasig dünsten. Dann das Gemüse zugeben, durchrühren und etwa 10–15 Minuten gar dünsten. Dabei ab und zu umrühren. Evtl. überschüssige Flüssigkeit abgießen und das Gemüse abkühlen lassen. Währenddessen evtl. frische Kräuter waschen und hacken.

3 Beide Mehle mit Zucker und Johannisbrotkernmehl mischen. Eier nach und nach unter ständigem Rühren zur Mehlmischung geben. Danach so viel Milch (oder Wasser) hinzufügen, bis der Teig ein wenig fließfähig ist. Wenn er noch nicht ganz homogen ist, mit einem Mixer rühren, bis keine Mehlklümpchen mehr erkennbar sind.

4 Salz, Pfeffer und Kräuter zum abgekühlten Gemüse geben und gut mischen. Diese Mischung in den Teig geben und gut unterrühren.

5 Öl in einer Pfanne erhitzen. Mehrere kleine Puffer aus je 1 EL Teig-Gemüse-Mischung backen. Die Mischung sofort, nachdem man sie in die Pfanne gegeben hat, mit einem Löffel glatt streichen und vorsichtig mit einem Pfannenwender vom Boden der Pfanne lösen. Bei mittlerer Hitzezufuhr von beiden Seiten braun backen.

6 Die fertigen Gemüsepuffer im Backofen bei 70–80 °C auf einem Teller warm halten. Zwischen die einzelnen Pfannkuchen evtl. Küchenpapier zum Aufsaugen des Fetts legen.

Dazu passt am besten: Salat

Süßer Ofenpfannkuchen
Pannukakku

Aus Finnland
Schwierigkeitsgrad: für Anfänger
Kann laktosearm zubereitet werden
Vegetarisch

Arbeitszeit: 20–30 Minuten
Gesamtzeit: 1–1 ¼ Stunden

Zutaten (als Hauptmahlzeit)

1 Bio-Zitrone
6 Eier
260 ml Milch (evtl. laktosearm)
30–50 g Zucker (nach Geschmack)
evtl. 1 P Vanillezucker
100 g Mehl Mix C von Schär
100 g Mehl Mix plus von Hammermühle
¾ TL Salz
1½ TL Backpulver
Backpapier
50–75 g Butter oder Margarine (nach Geschmack; evtl. ohne Milchanteil)

Zubereitung

1 Zitrone waschen und die Schale abreiben. Sie brauchen je nach Geschmack ⅛–¼ TL abgeriebene Zitronenschale.

2 Eier mit Milch, Zucker, evtl. Vanillezucker und der Zitronenschale in einer großen Schüssel schaumig rühren.

3 Beide Mehle mit Salz und Backpulver mischen. Dann in die große Schüssel geben und alles gut verrühren, evtl. auf niedrigster Stufe mit einem Mixer. Der Teig ist sehr flüssig. Den Teig 30 Minuten bei Zimmertemperatur ruhen lassen.

4 Währenddessen ein tiefes Backblech oder eine Fettpfanne mit Backpapier so auslegen, dass der flüssige Teig nicht unter das Papier laufen kann. Backofen vorheizen.

5 Butter oder Margarine schmelzen und langsam in den Teig einrühren. Der Teig ist immer noch sehr flüssig.

6 Den Teig auf das Blech gießen und gleichmäßig verteilen. Auf unterster Schiene im Backofen bei 190–200 °C, Umluft bei 170–180 °C 10–15 Minuten backen, bis der Teig braun wird. Noch 5 Minuten im ausgeschalteten Ofen stehen lassen.

Dazu passt am besten: Schlagsahne, Kompott oder frisches Obst

Tipp: Pannukakku kann kalt oder warm serviert werden. Wenn Sie ihn wie in Finnland als Dessert servieren wollen, halbieren Sie die Mengen und verwenden eine Form mit ca. 24 cm Durchmesser.

Hamburger

Aus den USA
Schwierigkeitsgrad: für Anfänger
Kann laktosefrei zubereitet werden
Mit Fleisch und vegetarischer Variante

Arbeitszeit: 45–60 Minuten
Gesamtzeit: 2–3 Stunden

Zutaten

Für die Hamburgerbrötchen

60 g Mehl Mix C von Schär
70 g Mehl Mix plus von Hammermühle
¼ P Trockenhefe
¼ P Backpulver
⅛ TL Salz
⅛ TL Johannisbrotkernmehl
¼ TL gemahlene Flohsamen
ca. 80–90 ml Mineralwasser mit Kohlensäure
1 EL Öl
Backpapier
1 Ei (nur das Eigelb)

Für die Frikadellen

1 Zwiebel
1 EL Thymian (frisch oder getrocknet)
500 g Hackfleisch
1 Ei (und evtl. 1 Eiweiß)
1 EL Paniermehl
1 TL Salz
½ TL Paprikapulver
etwas gemahlener Pfeffer
evtl. 50 g geraspelter oder sehr klein geschnittener Käse (z. B. Gouda, evtl. laktosearm)
Öl zum Braten

Für die vegetarischen „Frikadellen"

gekörnte Gemüsebrühe für 400 ml Flüssigkeit
½ Zwiebel
Öl zum Anbraten
140 g Reisflocken
20 g Kartoffelflocken (erhältlich z. B. bei Internetversendern)
1 EL Petersilie (frisch oder getrocknet)
1 EL Schnittlauch (frisch oder getrocknet)
1 Ei (und evtl. 1 Eiweiß)
¼–½ TL Salz
⅛–¼ TL gemahlener Pfeffer
⅛–¼ TL Paprikapulver
evtl. 60–70 g Käseraspel (evtl. laktosearm)
Öl zum Braten

Für die Hamburger-Zubereitung

8 große Kopfsalatblätter
evtl. 2–3 Tomaten
evtl. 1 Zwiebel

Zubereitung Hamburgerbrötchen

1 Die beiden Mehle, Hefe, Backpulver, Salz, Johannisbrotkernmehl und Flohsamen in einer großen Schüssel mischen. Einen Teil des Mineralwassers und das Öl zugeben und gut unter die Mehlmischung rühren. Nach und nach so viel Mineralwasser zugeben und in den Teig kneten, bis alles Mehl untergeknetet ist. Der Teig soll sich leicht feucht anfühlen, aber nicht an den Händen kleben oder Risse bilden. Sonst evtl. noch etwas Mehl oder Wasser zugeben und den Teig noch einmal kneten.

2 Ein Backblech mit Backpapier auslegen. Aus dem Teig 4 Brötchen formen, auf das Blech setzen und ca. 30–45 Minuten gehen lassen. Zwischendrin den Backofen vorheizen. Ei trennen, Eigelb verquirlen und die Brötchen damit bestreichen. Dann 20–25 Minuten bei 170–180 °C im Backofen, 150–160 °C bei Umluft backen, bis die Brötchen leicht braun sind. Noch etwa 5 Minuten im warmen Ofen stehen und dann auskühlen lassen.

Tipp: Glutenfreie Brötchen gehen nicht so sehr auf wie normale Brötchen, sondern bleiben eher kompakt und klein. Wenn Sie gern größere Brötchen hätten, nehmen Sie einfach die anderthalbfache Menge Teig.

Zubereitung Frikadellen

1 Zwiebel klein schneiden. Evtl. frischen Thymian waschen und hacken.

2 Hackfleisch mit Ei (und evtl. Eiweiß), Paniermehl, Salz, Gewürzen und Käse gut vermischen. Bei laktosefreier Zubereitung den Käse weglassen. Aus der Hackfleischmasse 4 Frikadellen formen.

3 Öl in einer Pfanne erhitzen. Die Frikadellen von beiden Seiten anbraten, bis sie braun sind. Dann bei geringer Hitzezufuhr noch etwa 5–10 Minuten bei geschlossenem Deckel weiterbraten.

Zubereitung vegetarische „Frikadellen“

1 400 ml Gemüsebrühe zubereiten.

2 Zwiebel klein schneiden und in einem Topf in Öl anbraten. Dabei ab und zu umrühren. Bei geringer Hitzezufuhr die Reis- und Kartoffelflocken in den Topf geben und umrühren. Nach und nach unter ständigem Rühren so viel Gemüsebrühe zugeben, dass sich eine Masse bildet, die sich gut formen lässt. Es sollen keine trockenen Flocken mehr in der Masse erkennbar sein. Danach die Masse ca. 10–15 Minuten abkühlen lassen. Währenddessen evtl. frische Kräuter waschen und hacken.

3 Die Masse noch einmal gut durchrühren. Wenn sie fester geworden ist, etwas Brühe zugeben und gut unterrühren. Ei (und evtl. Eiweiß) hinzufügen, alles gut mischen. Salz, Kräuter und Gewürze zuge-

ben, evtl. noch Käseraspel und gut durchrühren. 4 Frikadellen formen und in der Pfanne braten wie oben beschrieben.

Zubereitung Hamburger

1 Die Salatblätter waschen, abtropfen lassen und mit Küchenpapier trocken tupfen.

2 Evtl. die Tomaten waschen, putzen und in Scheiben schneiden. Zwiebel schälen und in Ringe schneiden.

3 Brötchen aufschneiden. Eine Unterhälfte jeweils mit einem Salatblatt, evtl. Tomaten und Zwiebelringen belegen. Dann die Frikadelle und wieder ein Salatblatt, evtl. Tomaten und Zwiebeln auf die Frikadelle legen. Mit der oberen Brötchenhälfte bedecken.

Pochierte Eier auf Toast
Eggs Benedict

Aus den USA
Schwierigkeitsgrad: für Profis
Kann laktosearm zubereitet werden
Mit Fleisch, kann vegetarisch zubereitet werden

Arbeitszeit: 1 Stunde

Zutaten

Für die pochierten Eier

1 TL Salz
1 EL Essig
Öl zum Anbraten und Rösten
4 Scheiben Toast oder 2 weiche Brötchen
100 g Bacon in Scheiben
evtl. Küchenpapier
4 Eier

Zutaten für die holländische Sauce

2 Eier (Raumtemperatur)
50 g weiche Butter (evtl. laktosearm)
½ Zitrone
2 EL Wein (oder Wasser)
etwas Salz
etwas gemahlener Pfeffer
etwas Zucker

Zubereitung

1 Für die holländische Sauce Eier und Butter rechtzeitig aus dem Kühlschrank nehmen, damit sie sich auf Zimmertemperatur erwärmen können. Legen Sie sich alles, was Sie brauchen, griffbereit zurecht, denn Sie müssen zügig arbeiten.

2 Zum Pochieren der Eier 2 l Wasser in einen großen Topf füllen. 1 TL Salz und 1 EL Essig hineingeben. Das Wasserbad für die holländische Sauce vorbereiten: Einen zweiten großen Topf auswählen und einen kleineren, der gut in diesen passt und den Sie beim Rühren gut festhalten können. Den kleineren Topf in den großen setzen und den Raum dazwischen mit Wasser auffüllen.

3 Für die Sauce Zitrone auspressen. Sie brauchen ½–1 TL Saft. Evtl. die Brötchen halbieren. Öl zum Rösten der Toastscheiben oder der Brötchenhälften in eine Pfanne geben.

4 Für die Sauce die beiden Eier trennen. Das Eigelb in dem kleineren Topf gut verrühren. Die Herdplatte anstellen, um das Wasserbad zu erwärmen. Zügig Wein (oder Wasser), Salz und Pfeffer hinzufügen und alles gut durchrühren. Das Wasserbad sollte rasch auf 75–80 °C erwärmt werden. Am besten die Temperatur mit einem Thermometer kontrollieren, ansonsten darauf achten, dass das Wasser nicht zum Kochen kommt. Dann die Hitzezufuhr so regeln,

dass die Temperatur des Wasserbads nicht mehr steigt. Währenddessen den Inhalt des kleinen Topfes ständig rühren.

5 Zwischendurch das Wasser zum Pochieren der Eier anstellen, damit es kocht, wenn die Eier hineingegeben werden.

6 Sobald die Eigelb-Masse im kleinen Topf des Wasserbads anfängt zu stocken, nach und nach die weiche Butter unterrühren. Danach mit Zitronensaft und evtl. noch etwas Salz, Pfeffer und Zucker abschmecken. Das Wasserbad mit dem Topf darin vom Herd nehmen und bis zum Verzehr stehen lassen. Die Sauce ab und zu durchrühren. Sie wird in dieser Zeit noch ein wenig fester.

7 Für die pochierten Eier Öl in der Pfanne erhitzen. Den Backofen zum Warmhalten des Toasts bzw. der Brötchen und des Bacons auf 70–80 °C vorheizen. Zunächst die Toastscheiben oder Brötchenhälften in der Pfanne rösten. Danach den Bacon in heißem Öl kurz anbraten. Die fertigen Scheiben auf einen Teller legen und im Backofen warm halten. Evtl. zum Aufsaugen des Fetts Küchenpapier dazwischenlegen.

8 Jedes Ei vorsichtig einzeln in eine Tasse aufschlagen. Das Eigelb darf dabei nicht beschädigt werden.

9 Die Eier vorsichtig aus den Tassen in das leicht kochende Wasser gleiten lassen und 3–4 Minuten kochen. Währenddessen je eine Scheibe gerösteten Toast oder ein halbes Brötchen auf 4 Teller legen und den Bacon darauf verteilen. Die pochierten Eier einzeln vorsichtig mit einem Schaumlöffel aus dem Wasser heben und auf den Bacon legen. Die holländische Sauce darübergeben und sofort servieren.

Vegetarische Variante: Für die vegetarische Variante verzichten Sie auf den Bacon.

Tipp: Wenn Sie Fett einsparen möchten, können Sie die Toastscheiben oder Brötchenhälften im Toaster rösten.

FÜR GÄSTE

Fischkuchen
Fish pie

Aus England
Schwierigkeitsgrad: für Profis
Kann laktosearm zubereitet werden
Mit Fisch, kann als Gemüsekuchen vegetarisch zubereitet werden

Arbeitszeit: 1 ¼–1 ½ Stunden
Gesamtzeit: 1 ¾–2 ¼ Stunden

Zutaten für Springform (Ø 24 cm)

100 g kalte Butter oder Margarine (evtl. ohne Milchanteil)
2 Eier
150 g Mehl Mix C von Schär
150 g Mehl Mix plus von Hammermühle
½ TL Johannisbrotkernmehl
1 TL gemahlene Flohsamen
2 TL Salz
100–125 ml Milch (evtl. laktosearm)
1 EL Petersilie (frisch oder getrocknet)
1 EL Schnittlauch (frisch oder getrocknet)
1 EL Dill oder Pfefferminzblätter (frisch oder getrocknet)
500 g Fischfilets (frisch oder aufgetaut; z. B. Scholle, Lachs, Seelachs, Kabeljau)
500 g Gemüse (frisch oder aufgetaut; z. B. Brokkoli, Blumenkohl)
½–1 TL gemahlener Pfeffer
Fett zum Einfetten der Form
Backpapier
150–200 g Gouda in Scheiben (evtl. laktosearm)

Zubereitung

1 Für den Teig Butter oder Margarine in einer großen Schüssel mit den Eiern so gut wie möglich vermischen. Beide Mehle mit Johannisbrotkernmehl, Flohsamen und 1 TL Salz mischen und in die große Schüssel geben, zuerst rühren und dann kneten. Nach und nach Milch zugeben und den Teig durchkneten. Der Teig soll nicht krümeln oder reißen, sich leicht feucht anfühlen, aber nicht kleben. Den Teig für mindestens 30 Minuten kühl stellen. Evtl. frische Kräuter waschen und hacken.

2 Fischfilets waschen, trocken tupfen und klein schneiden. Frisches Gemüse evtl. waschen und putzen. Gemüse klein schneiden.

3 Fisch und Gemüse in einem Topf mit gut schließendem Deckel in wenig Wasser in ca. 20 Minuten bissfest garen. Evtl. überschüssige Flüssigkeit abgießen. Mit ½ TL Salz, Pfeffer und den Kräutern würzen.

4 Springform fetten. Backpapier auf Größe der Springform zuschneiden und halbieren. Etwa ein Drittel des Teiges dünn auf dem Backpapier verteilen. Mit dem restlichen Teig den Boden bedecken und einen 5 cm hohen Rand formen.

5 Den Teigboden mit Käse auslegen. Darüber die Fisch-Gemüse-Mischung füllen und glatt streichen. Den Teig auf den beiden Backpapierstücken auf die Mischung legen (Backpapier liegt oben). Das Backpapier vorsichtig abziehen und evtl. vorhandene Teiglücken vorsichtig zudrücken. Den Teig oben mehrfach mit einer Gabel einstechen. Auf unterster Schiene im Backofen bei 170–180 °C, Umluft bei 150–160 °C etwa 25 Minuten backen, bis der Teig braun wird.

6 Den Fischkuchen aus dem Ofen nehmen und sofort servieren.

Vegetarische Variante: Ersetzen Sie den Fisch und das Gemüse durch etwa 750–800 g Staudensellerie. Den Staudensellerie in kleine Stücke schneiden, in der Pfanne garen, bis er bissfest ist, und wie oben beschrieben würzen. Auch die übrigen Schritte der Zubereitung bleiben gleich.

Spinatkuchen
Spanakopita

Aus Griechenland
Schwierigkeitsgrad: für Profis
Kann laktosearm zubereitet werden
Vegetarisch

Arbeitszeit: 1 ¼–1 ½ Stunden
Gesamtzeit: 1 ¾–2 ¼ Stunden

Zutaten für Springform (Ø 26 cm)

1 große Zwiebel
1–2 Knoblauchzehen (nach Geschmack)
Öl zum Anbraten
750–800 g gehackter TK-Spinat
Fett zum Einfetten der Form
Backpapier
1 EL Petersilie (frisch oder getrocknet)
135 g Butter oder Margarine (evtl. ohne Milchanteil)
1 TL Salz
7 Eier
250 g Mehl Mix C von Schär
250 g Mehl Mix plus von Hammermühle
1 P Backpulver
1 P Trockenhefe
150–200 ml Milch (evtl. laktosearm)
150 g Feta (evtl. laktosearm)
¼ TL gemahlener Pfeffer
2 EL Paniermehl

Zubereitung

1 Zwiebel und Knoblauch waschen, schälen, klein schneiden und in heißem Öl anbraten. Mit 2 EL Wasser ablöschen, den Spinat zugeben und auftauen. Dabei ab und zu umrühren.

2 Währenddessen Springform einfetten und ein Backpapier in der Größe des Springformdurchmessers zuschneiden und halbieren. Evtl. frische Petersilie waschen und hacken.

3 Aufgetauten Spinat in einem Durchschlag gut abtropfen lassen. Danach in eine große Schüssel geben.

4 Währenddessen den Teig vorbereiten: Butter oder Margarine mit ½ TL Salz und 4 Eiern so gut wie möglich in einer großen Schüssel verrühren. Beide Mehle, Backpulver und Trockenhefe mischen. Dann in die große Schüssel geben, erst mit einem Kochlöffel gut durchrühren, dann kneten. Nach und nach Milch zugeben und den Teig kneten, bis er keine Risse mehr bildet, sich feucht anfühlt, aber nicht klebt. Mindestens 3 EL Milch zurückbehalten.

5 Etwa ein Drittel des Teiges dünn auf den beiden Backpapierstücken verteilen. Mit dem restlichen Teig den Boden der Springform bedecken und einen etwa 3 cm hohen Rand formen. Den Teig etwa 30 Minuten gehen lassen.

6 Währenddessen Feta in sehr kleine Stücke schneiden. Ein Ei trennen.

7 2 Eier und das Eiweiß mit 2 EL Milch in einer kleinen Schüssel verquirlen. Mit ½ TL Salz, Pfeffer und Petersilie würzen. Alles gut verrühren und zum Spinat geben. Paniermehl und Fetastückchen hinzugeben und alles gut mischen. Backofen vorheizen.

8 Die Spinat-Mischung auf dem Teig in der Springform verteilen und glatt streichen. Den Teig auf den Backpapierstücken (das Backpapier liegt oben) auf den Spinat legen. Das Backpapier abziehen und evtl. vorhandene Teiglücken vorsichtig zudrücken. Den Teig oben mehrfach mit einer Gabel einstechen.

9 Das Eigelb in einer Tasse mit 2 TL Milch verquirlen. Den Teig damit bestreichen. Auf unterster Schiene im Backofen 30–40 Minuten bei 170–180 °C, Umluft bei 150–160 °C backen, bis der Teig braun wird. Die Spanakopita aus dem Ofen nehmen, warm oder kalt servieren.

Tipp: Im Original wird Spanakopita mit Blätterteig zubereitet. Sie können anstelle des im Rezept beschriebenen Teiges auch fertigen glutenfreien Blätterteig verwenden (625–750 g). Meistens schmeckt der Spinatkuchen jedoch herzhafter, wenn Sie den Teig selber machen.

Käsetaschen
Puaca (Pogaca)

Aus der Türkei
Schwierigkeitsgrad: für Fortgeschrittene
Kann laktosearm zubereitet werden
Vegetarisch

Arbeitszeit: 30–40 Minuten
Gesamtzeit: 1 ½–2 Stunden

Zutaten für ein Blech

evtl. 1 TL Petersilie (frisch oder getrocknet)
evtl. 1 TL Dill (frisch oder getrocknet)
100–125 g Käse (z. B. Feta, Emmentaler, Gouda, evtl. laktosearm)
Backpapier
250 g Mehl Mix C von Schär
250 g Mehl Mix plus von Hammermühle
½ TL Johannisbrotkernmehl
1 TL gemahlene Flohsamen
1 TL Backpulver
1 P Trockenhefe
2 TL Zucker
1 ½ TL Salz
2 Eier
200–250 ml Milch (evtl. laktosearm)
100 ml Öl

Zubereitung

1 Evtl. frische Kräuter waschen und hacken. Käse in kleine Stücke schneiden und mit den Kräutern mischen. Backblech mit Backpapier auslegen.

2 Beide Mehle mit Johannisbrotkernmehl, Flohsamen, Backpulver, Trockenhefe, Zucker und Salz in einer großen Schüssel mischen.

3 Ein Ei trennen. In einem Messbecher etwa 100 ml Milch mit dem Öl, 1 Ei und dem Eiweiß mit einer Gabel gut verrühren. Zur Mehlmischung in die große Schüssel geben. Dabei den Inhalt der Schüssel mit einem Kochlöffel gut durchrühren. Nach und nach so viel Milch unterkneten, dass der Teig nicht mehr reißt, sich leicht feucht anfühlt, aber nicht klebt.

4 Jeweils ein etwa pflaumengroßes Stück Teig noch einmal kurz durchkneten, dann flach und in eine etwas längliche Form drücken. Ein oder mehrere Stückchen Käse so auf die eine Hälfte des Teiges legen, dass ein Rand frei bleibt. Nun die andere Teighälfte darüberschlagen und an den Rändern gut zudrücken. Die Käsetaschen seitlich noch etwas hochdrücken, da sie beim Backen wieder flacher werden. Käsetaschen auf das Backblech setzten.

5 Die Käsetaschen etwa 30 Minuten gehen lassen, evtl. davon 15 Minuten bei 50–60 °C im Backofen. Währenddessen das Eigelb in einem Schälchen mit 1 TL

Milch verquirlen. Wenn die Käsetaschen fertig gegangen sind, diese damit bestreichen.

6 Käsetaschen auf der untersten Schiene im Backofen bei 170–180 °C, Umluft bei 150–160 °C 15–25 Minuten (je nach Größe) backen, bis die Taschen braun werden. Vom Backblech nehmen, auf einem Rost auskühlen lassen und anschließend in eine gut schließende Plastikdose verpacken.

Dazu passt am besten: Salat

Tipp: Die Käsetaschen eignen sich auch gut als Snack.

Gefüllte Weinblätter
Yaprak sarmasi

Aus der Türkei
Schwierigkeitsgrad: für Profis
Laktosefrei
Mit Fleisch und veganer Variante

Arbeitszeit: 1–1 ½ Stunden
Gesamtzeit: 1 ½ –2 ½ Stunden

Zutaten

Für die gefüllten Weinblätter

250 g Langkornreis
¾ TL Salz
½ Zwiebel
125 g Rinderhackfleisch
Öl zum Anbraten
2 EL Petersilie (frisch oder getrocknet)
ca. 40 g Tomatenmark
etwas gemahlener Pfeffer
¼ TL Paprikapulver
ca. 175 g eingelegte Weinblätter (erhältlich z. B. in türkischen Lebensmittelläden)
4–6 Salatblätter zum Anrichten auf einer Servierplatte

Für die vegan gefüllten Weinblätter

1 Zwiebel
3 EL Petersilie (frisch oder getrocknet)
2 EL Pfefferminzblätter (frisch oder getrocknet)
½–¾ TL gemahlener Pfeffer
100 g Tomatenmark
50 g gehackte Pistazien
325 g Langkornreis
¾–1 TL Salz
ca. 175 g eingelegte Weinblätter (erhältlich z. B. in türkischen Lebensmittelläden)
4–6 Salatblätter zum Anrichten auf einer Servierplatte

Zubereitung

1 Den Reis in Wasser mit ¼ TL Salz bissfest kochen. Währenddessen die Zwiebel waschen, klein schneiden und mit dem Rinderhackfleisch kurz in heißem Öl anbraten.

2 Evtl. frische Petersilie waschen und hacken. Reis, Hackfleisch, Tomatenmark, ½ TL Salz und Gewürze mischen und abkühlen lassen. Dann ein Weinblatt mit der rauen Seite nach oben auf ein Brettchen legen und den Stiel vorsichtig abschneiden. Eine kleine Menge der Füllung mittig nahe an den unteren Blattrand legen. Die Füllung dann wie eine Zigarre formen. Sie sollte nicht dicker als ein kleiner Finger und darf nur so lang sein, dass man die beiden Seiten des Blattes noch gut darüber in Richtung Mitte falten kann.

3 Zuerst die Seiten des Blattes über die Füllung schlagen. Danach das Blatt samt Füllung zur Blattspitze hin nicht zu fest aufrollen. Das braucht ein wenig Übung, bis es perfekt aussieht. Mit den anderen Weinblättern ebenso verfahren.

4 Die gefüllten Weinblätter ganz dicht nebeneinander so auf den Boden eines großen Topfes legen, dass die Blattspitzen unten direkt auf dem Boden liegen. Dann können sich die Blätter beim Kochen nicht entrollen. Mit einem passenden, hitzefesten Teller beschweren. Vorsichtig heißes Wasser zugießen, bis die gefüllten Weinblätter vollständig bedeckt sind. Etwa 30 Minuten bei geringer Hitzezufuhr in heißem Wasser ziehen lassen. Bitte beachten: Das Wasser darf nicht richtig kochen. Es dürfen nur kleine Bläschen aufsteigen. Evtl. vorsichtig noch etwas heißes Wasser nachgießen, wenn nicht mehr alle Weinblätter ganz bedeckt sind.

5 Währenddessen Salatblätter waschen, trocken tupfen und auf eine Servierplatte legen.

6 Am Ende der Garzeit vorsichtig den Teller und ein gefülltes Weinblatt aus dem Topf nehmen und testen, ob es gar ist. Die restlichen Weinblätter wie oben beschrieben weitergaren oder vorsichtig mit einem Schaumlöffel aus dem Topf nehmen und auf die Servierplatte legen.

Vegane Variante: Mischen Sie die klein geschnittene Zwiebel, Kräuter, Gewürze, Tomatenmark und Pistazien mit dem bissfest gekochten Reis. Die Weinblätter genauso füllen und zubereiten wie oben beschrieben.

Dazu passt am besten: Weißbrot, grüner Salat und eine kalte Knoblauchsauce aus 200 g Joghurt, 200 g saurer Sahne und gepressten Knoblauchzehen (bis zu 5 Stück). Würzen Sie die Sauce mit Salz und Pfeffer.

Tipp: Man kann die gefüllten Weinblätter warm oder kalt essen. In einer Plastikdose verpackt lassen sie sich auch gut transportieren.

Auberginenmousse
Mirza ghasemi

Aus Persien
Schwierigkeitsgrad: für Fortgeschrittene
Laktosefrei
Vegetarisch

Arbeitszeit: 50–60 Minuten
Gesamtzeit: 1 ½–1 ¾ Stunden

Zutaten

Fett zum Einfetten der Form
2 große oder 3 kleine Auberginen
3 Tomaten
½–1 Knoblauchzehe (nach Geschmack)
Öl zum Anbraten
¾ TL gemahlene Kurkuma
¾–1 TL Salz
¼–½ TL gemahlener Pfeffer
3 Eier

Zubereitung

1 Je nach Größe der Auberginen eine passende Auflaufform oder eine Fettpfanne einfetten. Auberginen waschen, trocken tupfen, in die Form oder Fettpfanne legen und 30–45 Minuten (je nach Größe) bei 180–190 °C im Backofen, Umluft 160–170 °C backen, bis sie weich sind.

2 Auberginen halbieren und auskühlen lassen. Währenddessen die Tomaten waschen, putzen und in sehr kleine Stücke schneiden. Knoblauch waschen, schälen und hacken. Wenn die Auberginen ausreichend abgekühlt sind, das weiche Fleisch herausnehmen, in kleine Stücke schneiden und mit einer Gabel in einer Schüssel zerdrücken.

3 Öl in einer großen Pfanne oder einem Topf erhitzen. Den Knoblauch darin anbraten. Dabei gelegentlich umrühren. Danach Auberginen und Kurkuma zugeben, durchrühren und 5–10 Minuten braten. Dabei ab und zu umrühren.

4 Tomatenstückchen, Salz und Pfeffer zugeben, durchrühren und 5–10 Minuten weiterbraten. Währenddessen Eier in eine kleine Schüssel aufschlagen und mit einer Gabel verquirlen.

5 Verquirltes Ei unter ständigem Rühren zum Gemüse in die Pfanne geben und stocken lassen.

Dazu passt am besten: Fladenbrot

Tipp: Die Auberginenmousse können Sie warm oder kalt, als Vorspeise oder Hauptgericht servieren.

Käsebällchen
Pão de queijo

Aus Brasilien
Schwierigkeitsgrad: für Anfänger
Kann laktosearm zubereitet werden
Vegetarisch

Arbeitszeit: 20–30 Minuten
Gesamtzeit: 1 ½–1 ¾ Stunden

Zutaten

125 ml Milch (evtl. laktosearm)
1 TL Salz
125 g Butter oder Margarine (evtl. ohne Milchanteil)
250 g Maniokmehl (erhältlich z. B. bei Internetversendern) oder Maismehl
1 Ei
50 g geriebener Parmesankäse (evtl. durch laktosearmen Emmentaler ersetzen)
100 g geriebener Gouda (evtl. laktosearm)
100 g geriebener Emmentaler (evtl. laktosearm)
Backpapier

Zubereitung

1 Milch zusammen mit Salz und dem in Stücke zerteilten Fett in einem kleinen Topf erwärmen, bis das Fett geschmolzen ist. Den Topf von der Herdplatte nehmen.

2 Maniokmehl (oder Maismehl) einwiegen und in eine Schüssel geben. Die warme Mischung aus Milch, Fett und Salz nach und nach zum Mehl geben und unterrühren. Der Teig ist sehr krümelig.

3 Den Teig 10–15 Minuten auskühlen lassen. Währenddessen das Ei in eine kleine Schüssel aufschlagen und mit einer Gabel verquirlen. Den geriebenen Käse zugeben und gut mit dem Ei verrühren. Die Mischung aus Ei und Käse zum Teig geben, gut durchrühren und zu einer Masse zusammendrücken. Der Teig bleibt krümelig.

4 Ein Backblech mit Backpapier auslegen. Backofen vorheizen. Jeweils die Menge von 1½–2 TL Teig zu einem Bällchen zusammendrücken und auf das Backblech setzen.

5 Die Bällchen je nach Größe ca. 10–15 Minuten im Backofen auf unterster Schiene bei 190–200 °C, Umluft bei 170–180 °C backen, bis sie goldbraun sind. Vor dem Essen mindestens 1 Stunde auskühlen lassen. Nach dem Auskühlen in eine dicht schließende Plastikdose verpacken.

Tipp: Die Käsebällchen kann man als Snack oder zu Rohkostsalat essen.

Gefüllte Fladen
Wraps

Aus Mexiko
Schwierigkeitsgrad: für Anfänger
Die Füllung ist laktosefrei
Die Füllung kann vegan und mit Fleisch zubereitet werden

Arbeitszeit: 40–50 Minuten

Zutaten

1 Zwiebel
1 Knoblauchzehe
1 gelbe Paprikaschote
100–120 g Möhren
250–300 g Zucchini
Öl zum Anbraten
2 Tomaten
4 fertige glutenfreie Fladen (z. B. in vielen Supermärkten und Reformhäusern erhältlich)
¼ TL Salz
¼ TL gemahlener Pfeffer
¼ TL Paprikapulver
¼ TL getrocknete Chiliflocken
2–3 EL Tomatenmark

Zubereitung

1 Zwiebel und Knoblauch waschen, schälen und hacken. Paprikaschote, Möhren und Zucchini waschen, putzen und in kleine, dünne Streifen schneiden.

2 Öl in einer Pfanne oder einem Topf erhitzen. Zwiebeln und Knoblauch darin anbraten. Dann Paprika- und Möhrenstreifen zugeben und durchrühren. Bei geschlossenem Deckel etwa 5 Minuten braten, dabei ab und zu umrühren. Währenddessen mit dem Waschen, Putzen und Schneiden der Tomaten und mit dem Erwärmen der Fladen nach Packungsanleitung beginnen.

3 Salz, Gewürze und Zucchinistreifen in die Pfanne geben, umrühren und das Ganze weitere 5 Minuten braten. Währenddessen die Tomaten fertig vorbereiten. Tomatenstückchen zugeben, alles mischen und weitere 5 Minuten braten.

4 Tomatenmark unterrühren, abschmecken und evtl. nachwürzen. Je einen warmen Fladen zur Hälfte mit dem angebratenen Gemüse bedecken. Den Fladen wie eine Spitztüte rollen und sofort servieren.

Variante mit Fleisch: Ersetzen Sie das Gemüse bis auf die Tomaten durch 500 g Hähnchenbrustfilets oder Hackfleisch. Die Hähnchenbrustfilets in sehr kleine Stückchen schneiden. Das Fleisch nach den Zwiebeln und dem Knoblauch etwa 10 Minuten braten, bis es gar ist. Danach die Tomatenstückchen zugeben. Alle anderen Schritte bleiben gleich.

Dazu passt am besten: Frischer Salat

Avocado-Dip
Guacamole

Aus Mexiko
Schwierigkeitsgrad: für Anfänger
Kann laktosearm zubereitet werden
Vegetarisch

Arbeitszeit: 20–30 Minuten
Gesamtzeit: 1 ½ Stunden

Zutaten

1–2 Zitronen
1 Zwiebel
2 Avocados
5–6 EL geschälte Tomaten (aus der Dose)
2 EL Naturjoghurt (evtl. laktosearm)
¼–½ TL Tabasco
½ TL Salz
¼–½ TL gemahlener Pfeffer

Zubereitung

1 Zitronen auspressen. Sie brauchen je nach Geschmack 3–4 TL Zitronensaft. Zwiebel waschen, schälen und klein schneiden.

2 Die Avocados waschen, halbieren. Das Fruchtfleisch auskratzen, in eine Schüssel geben und mit zunächst 2 TL Zitronensaft mischen.

3 Geschälte Tomaten ganz klein schneiden oder pürieren, ebenfalls in die Schüssel geben. Joghurt hinzufügen und gut durchrühren.

4 Zwiebel, Tabasco, Salz, Pfeffer und evtl. Zitronensaft zugeben, mischen und mindestens für 1 Stunde kühl stellen. Vor dem Servieren abschmecken und evtl. nachwürzen.

Dazu passt am besten: Weißbrot

Tipp: Guacamole können Sie mit Weißbrot als Vorspeise servieren oder als Dip z. B. zu gegrilltem Rindfleisch oder Geflügel reichen.

Truthahn
Turkey

Aus den USA
Schwierigkeitsgrad: für Anfänger
Laktosefrei
Mit Fleisch

Arbeitszeit: 2 Stunden
Gesamtzeit: 32–40 Stunden

Zutaten (für 8–10 Personen)

1 Truthahn (Puter) ca. 4–5 kg frisch oder tiefgekühlt (z. B. im Supermarkt erhältlich; Saisonprodukt)
Küchenpapier
1 großen sauberen Plastikbeutel für ca. 6 l Inhalt
evtl. einen Eimer, den man abdecken kann

Für die Beize
gekörnte Gemüsebrühe für 3 l Flüssigkeit
3 g getrockneter Rosmarin
2 g getrockneter Salbei
4 g getrockneter Thymian
4 g getrocknetes Bohnenkraut
250 g Salz

Für die Füllung
2 große Zwiebeln
4 große Möhren
1 Bund Staudensellerie
1 EL getrockneter Thymian
1 EL Lorbeerblätter

Zum Braten
1 TL Salz
1 ½ TL getrockneter Thymian
2–3 EL Öl
1 l Weißwein oder gekörnte Gemüsebrühe für 1 l Flüssigkeit
Fettpfanne oder Backblech mit hohem Rand
Bratenthermometer, falls vorhanden

Zubereitung

1 Evtl. den Truthahn je nach Größe 15–20 Stunden auftauen.

2 Währenddessen die Beize herstellen: 3 l Wasser mit Gemüsebrühe und Kräutern zum Kochen bringen. Unter Rühren das Salz darin auflösen, dann die Beize vom Herd nehmen, auf Zimmertemperatur abkühlen lassen, danach in den Kühlschrank stellen.

3 Die Innereien aus dem Truthahn entfernen. Den Truthahn innen und außen sorgfältig waschen und mit Küchenpapier trocken tupfen. Dann in den Plastikbeutel legen. Die Beize vorsichtig einfüllen und den Beutel gut verschließen. Über Nacht kühl stellen, am besten im Kühlschrank, evtl. auch draußen abgedeckt in einem Eimer.

4 45–60 Minuten, bevor Sie mit dem Braten des Truthahns beginnen wollen, das Gemüse für die Füllung waschen, schälen und klein schneiden, mit Thymian und Lorbeerblättern mischen.

5 Vor dem Braten die Beize vom Truthahn abgießen und den Truthahn noch

einmal sorgfältig waschen und mit Küchenpapier trocken tupfen. Mit Salz und Thymian einreiben und dann mit Öl einpinseln. Das gewürzte Gemüse in den Truthahn füllen. Evtl. Gemüsebrühe zubereiten.

6 Eine Fettpfanne mit Weißwein oder Gemüsebrühe füllen, das restliche Gemüse darin verteilen. Fettpfanne ganz unten in den Ofen schieben.

7 Den Truthahn mit der Brust nach unten auf einen Rost legen. Diesen möglichst dicht über der Fettpfanne in den Ofen schieben.

8 Den Truthahn 190–220 Minuten bei 160–170 °C, Umluft bei 140–150 °C backen. Dabei etwa alle 15 Minuten den Truthahn mit der Flüssigkeit aus der Fettpfanne mithilfe eines Saucenlöffels übergießen. Nach etwa zwei Dritteln der Garzeit den Truthahn umdrehen. Wenn die Temperatur im Inneren 85 °C beträgt, den Ofen abschalten und den Truthahn noch 30 Minuten im warmen Ofen stehen lassen. Wenn Sie kein Bratenthermometer haben, schalten Sie den Ofen ab, wenn der Truthahn schön braun ist, und lassen ihn auch dann noch mindestens 30 Minuten im Ofen.

Dazu passt am besten: Kartoffelbrei, das Gemüse aus der Fettpfanne und eine Bratensauce, die Sie mit der Flüssigkeit aus der Fettpfanne herstellen.

Gefülltes Hufeisenbrot

Aus Südafrika

Schwierigkeitsgrad: für Fortgeschrittene

Kann laktosefrei zubereitet werden

Vegetarisch, kann auch mit Fleisch zubereitet werden

Arbeitszeit: 45–60 Minuten
Gesamtzeit: 1 ¼–1 ½ Stunden

Zutaten

2 Tomaten
½ Paprikaschote
2 eingelegte Gurken
evtl. 6–8 Oliven
½–1 Zwiebel
½ TL Salz
½ TL gemahlener Pfeffer
300 g geriebener Emmentaler (evtl. laktosearm)
250 g Mehl (Farine) von Schär
250 g Mehl Mix plus von Hammermühle
1 P Backpulver
½ TL Johannisbrotkernmehl
60 g weiche Butter oder Margarine (evtl. ohne Milchanteil)
250–300 ml Milch (evtl. laktosearm)
Backpapier
Mehl zum Bestreuen

Zubereitung

1 Tomaten und Paprikaschote waschen, putzen und in sehr kleine Stückchen schneiden. Gurken und evtl. Oliven ebenfalls in sehr kleine Stückchen schneiden. Zwiebel waschen, schälen und sehr klein schneiden. Alles in eine Schüssel geben, mit ¼ TL Salz und dem Pfeffer würzen und umrühren. 250 g geriebenen Emmentaler untermischen.

2 Beide Mehle in einer großen Schüssel mit Backpulver, Johannisbrotkernmehl und ¼ TL Salz mischen. Butter oder Margarine und Milch zugeben, erst rühren, dann kneten. So viel Milch unterkneten, dass der Teig keine Risse mehr bildet, aber auch nicht klebt.

3 Backofen vorheizen. Backblech mit Backpapier auslegen. Ein großes Stück Backpapier auf den Küchentisch legen und mit Mehl bestreuen. Den Teig darauflegen und flach drücken. Ein großes Stück Backpapier darauflegen und den Teig zwischen den Backpapieren etwa 3–4 mm dick ausrollen.

4 Die Gemüse-Käse-Mischung gleichmäßig auf dem Teig verteilen. Den Teig mithilfe des Backpapiers zügig aufrollen. Mit einem großen Brettchen unter das Backpapier gehen und die Teigrolle samt Backpapier auf das Backblech legen. Das Backpapier, das zum Aufrollen diente, vorsichtig wegziehen und die Teigrolle sehr vorsichtig zu einem Hufeisen formen. Etwa alle 2–3 cm mit einem Messer einritzen, mit lauwarmem Wasser einpinseln und 50 g geriebenen Emmentaler darüberstreuen.

5 Auf unterster Schiene im Backofen bei 180–190 °C, Umluft bei 160–170 °C 20–30 Minuten backen, bis der Käse zerläuft und braun wird. Noch 5 Minuten im ausgeschalteten Ofen stehen lassen. Danach herausnehmen, das Brot mit einem Pfannenwender vom Backpapier lösen und vorsichtig auf ein passendes Brettchen oder eine Servierplatte schieben.

Variante mit Fleisch: Sie können einen Teil des Gemüses z. B. durch gegartes, klein geschnittenes Geflügelfleisch oder gebratenes Hackfleisch ersetzen.

Tipp: Das Hufeisenbrot kann warm oder kalt serviert werden.

SALATE

Salat mit Feta

Aus Griechenland
Schwierigkeitsgrad: für Anfänger
Kann laktosearm zubereitet werden
Vegetarisch

Arbeitszeit: ca. 30 Minuten

Zutaten

50–100 g eingelegte schwarze Oliven (nach Geschmack)
400 g Tomaten
1 kleine Salatgurke
1–2 Zwiebeln (nach Geschmack)
4 EL Öl
3 EL Essig
½ TL Salz
¼ TL Pfeffer
200 g Feta (evtl. laktosearm)

Zubereitung

1 Oliven abtropfen lassen. Tomaten und Gurke waschen, putzen, in Scheiben schneiden und in eine Schüssel geben.

2 Zwiebel(n) waschen, schälen, in Ringe schneiden und ebenfalls in die Schüssel geben. Oliven hinzufügen.

3 Öl, Essig, Salz und Pfeffer in einem kleinen Schälchen zu einem Dressing verrühren. In die Schüssel geben und alles gut mischen.

4 Feta in kleine Stücke schneiden. Diese oben auf dem Salat in der Schüssel verteilen oder den Salat auf 4 Teller verteilen und dann den Feta darauflegen.

Dazu passt am besten: Gegrilltes Lammfleisch mit Reis oder einfach nur Weißbrot

Reissalat mit Mais

Aus der Türkei
Schwierigkeitsgrad: für Anfänger
Laktosefrei
Vegan

Arbeitszeit: 1–1 ¼ Stunden
Gesamtzeit: 2–2 ¼ Stunden

Zutaten

125 g Naturreis
1¼ TL Salz
150 g grüne Erbsen aus der Dose
280 g Mais aus der Dose
1 Zwiebel
70–75 g Gewürzgurken
6 grüne Oliven
2 Bio-Zitronen
150 g Möhren
3 EL Petersilie (frisch oder getrocknet)
3 EL Olivenöl
¼ TL gemahlener Pfeffer

Zubereitung

1 Reis in 250 ml Wasser mit etwa ¼ TL Salz bissfest garen und abkühlen lassen.

2 Grüne Erbsen und Mais abtropfen lassen und mit dem Reis in eine große Schüssel geben. Zwiebel waschen, schälen und klein schneiden. Gewürzgurken und Oliven in Scheiben schneiden.

3 Zitronen waschen. Von ½–1 Zitrone die Schale abreiben. Beide Zitronen auspressen. Den Saft und die abgeriebene Schale in die Schüssel geben.

4 Möhren waschen, schälen, reiben und in den Salat mischen.

5 Evtl. frische Petersilie waschen und hacken. Öl unter den Salat rühren, dann mit Petersilie, ca. 1 TL Salz und Pfeffer abschmecken.

Dazu passt am besten: Hähnchen-, Lamm- oder Rindfleisch

Blumenkohlsalat
Yogurtlu karnibahar salatasi

Aus der Türkei
Schwierigkeitsgrad: für Anfänger
Kann laktosearm zubereitet werden
Vegetarisch

Arbeitszeit: 30–45 Minuten
Gesamtzeit: 2 ½–2 ¾ Stunden

Zutaten

1 Kopf Blumenkohl (oder ca. 700 g aufgetaute TK-Blumenkohlröschen)
1 TL Salz
1 Zitrone
3 EL Öl
¼–½ TL gemahlener Pfeffer
2 Knoblauchzehen
1½ EL gehackte Walnüsse
300 ml Naturjoghurt (evtl. laktosearm)
¼ TL Paprikapulver

Zubereitung

1 Blumenkohl evtl. zerteilen, waschen und in etwas Wasser mit ½ TL Salz ca. 25 Minuten gar kochen.

2 Währenddessen die Marinade vorbereiten: Die Zitrone auspressen. Zitronensaft mit Öl, ½ TL Salz und Pfeffer mischen.

3 Blumenkohl in einem Durchschlag etwa 10 Minuten auskühlen lassen, dann in eine Schüssel umfüllen. Die Marinade darübergeben und durchrühren. Nach etwa einer halben Stunde für weitere 1½ Stunden in den Kühlschrank stellen.

4 Währenddessen Knoblauchzehen waschen, schälen und pressen. Anschließend mit Walnüssen, Naturjoghurt und Paprikapulver mischen. Über den marinierten Blumenkohl gießen, durchrühren und vor dem Servieren noch einmal kurz ziehen lassen.

Dazu passt am besten: Fladen- und Weißbrot sowie Lamm- und Geflügelfleisch

Kartoffel-Geflügelsalat
Salad Olivieh

Aus Persien
Schwierigkeitsgrad: für Fortgeschrittene
Kann laktosearm zubereitet werden
Mit Fleisch und vegetarischer Variante

Arbeitszeit: 1–1 ¼ Stunden
Gesamtzeit: 2 ½–2 ¾ Stunden

Zutaten (als Hauptmahlzeit)

500 g Kartoffeln
500 g Hähnchenbrustfilets
4 Eier
100–120 g Erbsen aus der Dose
200 g Gewürzgurken
evtl. 1 kleines Glas eingelegte, entsteinte Oliven
1 Zitrone
evtl. 1 Knoblauchzehe
250 g Mayonnaise, alternativ 125 g Mayonnaise und 125 g Naturjoghurt (evtl. laktosearm)
¾ TL Salz
¾ TL gemahlener Pfeffer

Zubereitung

1 Kartoffeln gut waschen und mit Schale in einem Topf mit Wasser bedeckt kochen, bis sie weich sind. Währenddessen das Hühnerfleisch und die Eier vorbereiten.

2 Hähnchenbrust in größere Stücke schneiden und in einer Pfanne mit gut schließendem Deckel in wenig Wasser garen. Dabei ab und zu kontrollieren, ob noch genug Flüssigkeit in der Pfanne ist. Wenn sich das Fleisch mit einem spitzen Messer leicht einstechen lässt, ist es gar.

3 Eier am stumpfen Ende anstechen, mit einem Kochlöffel vorsichtig ins kochende Wasser gleiten lassen und ca. 12 Minuten hart kochen. Abkühlen lassen.

4 Hähnchenfleisch sehr klein schneiden und in eine große Schüssel geben. Kartoffeln und Eier pellen, ebenfalls sehr klein schneiden und in die Schüssel geben, danach die abgetropften Erbsen und die sehr klein geschnittenen Gewürzgurken. Alles gut mischen. Je nach Geschmack die abgetropften Oliven hinzufügen.

5 Nach dem Originalrezept wird der Salat püriert. Sie können ihn aber auch unpüriert zubereiten. Zitrone auspressen. Evtl. Knoblauch waschen, schälen und pressen.

6 Für das Dressing Mayonnaise oder Mayonnaise und Joghurt mit dem Zitronensaft, Salz, Pfeffer und evtl. Knoblauch mischen, über den Salat geben und gut durchrühren. Vor dem Servieren mindestens 1 Stunde durchziehen lassen und evtl. mit einigen Oliven garnieren.

Vegetarische Variante: 750 g Kartoffeln, 6 Eier, 200 g Erbsen und 300 g Gewürzgurken. Das Dressing mit 300 g Mayonnaise bzw. 150 g Mayonnaise und 150 g Naturjoghurt zubereiten und entsprechend stärker würzen.

Tomaten-Gurken-Salat
Salad Shirazi

Aus Persien
Schwierigkeitsgrad: für Anfänger
Laktosefrei
Vegan

Arbeitszeit: 15–30 Minuten
Gesamtzeit: 30–60 Minuten

Zutaten

1 Gurke
2 Tomaten
½–1 Zwiebel (nach Geschmack)
½ Zitrone
1 ½–2 TL Pfefferminzblätter (frisch oder getrocknet)
2 EL Olivenöl
½ TL Salz
¼ TL gemahlener Pfeffer

Zubereitung

1 Gurke und Tomaten waschen, putzen, klein schneiden und in eine große Schüssel geben. Zwiebel waschen, schälen, sehr klein schneiden und zugeben.

2 Zitrone auspressen. Evtl. frische Pfefferminzblätter waschen und hacken. 2 EL Zitronensaft mit Öl, Salz, Pfeffer und Pfefferminze zu einem Dressing verrühren, über den Salat geben und gut durchrühren. 15–30 Minuten durchziehen lassen.

Dazu passt am besten: Fladenbrot oder Reis sowie gegrilltes oder gebratenes Lamm-, Geflügel- oder Rindfleisch

Tipp: Garnieren Sie den Salat mit frischen Pfefferminzblättern.

Quinoa-Salat mit Kräutern

Taboulé

Aus dem Libanon

Schwierigkeitsgrad: für Anfänger

Laktosefrei

Vegan

Arbeitszeit: 30–45 Minuten
Gesamtzeit: 1–1 ½ Stunden

Zutaten (als Hauptmahlzeit)

100 g Quinoa
¾ TL Salz
600 g Tomaten
1 Salatgurke
1 Zwiebel
4 EL Petersilie (frisch oder getrocknet)
4 EL Pfefferminzblätter (frisch oder getrocknet)
1 Zitrone
2–3 EL Öl

Zubereitung

1 Quinoa ca. 30–35 Minuten in Wasser mit ¼ TL Salz kochen. Danach evtl. noch vorhandene Flüssigkeit abgießen und die Quinoa abkühlen lassen.

2 Tomaten und Salatgurke waschen, putzen, in Scheiben schneiden und in eine Schüssel geben. Zwiebel waschen, schälen, klein schneiden und zugeben. Quinoa hinzufügen und alles gut mischen.

3 Evtl. frische Kräuter waschen und hacken. Zitrone auspressen. Aus 2–3 EL Zitronensaft, Öl, Kräutern und ½ TL Salz das Dressing zubereiten, in die Schüssel geben und gut durchmischen.

Tipp: Als Hauptmahlzeit rollen Sie den Salat in ein Kopfsalatblatt und essen diese Rolle aus der Hand. Sie können auch Fladenbrot dazu essen. Als Beilagensalat bereiten Sie die Hälfte der angegebenen Mengen zu; dazu können Sie jede Art von Fisch oder Fleisch servieren.

Grüner Salat mit Orangen

Aus Tunesien

Schwierigkeitsgrad: für Anfänger

Laktosefrei

Vegan

Arbeitszeit: 15–20 Minuten

Zutaten

1 Kopf grüner Salat
2 Orangen
100 g Rosinen
1 Zitrone
2 EL Pfefferminzblätter (frisch oder getrocknet)
2 EL Petersilie (frisch oder getrocknet)
3 EL Öl
½ TL Salz
¼ TL Pfeffer
etwas Zucker

Zubereitung

1 Salat waschen, abtropfen lassen, die Blätter in mundgerechte Stücke zerteilen und in eine Schüssel geben.

2 Orangen waschen, schälen und zerteilen. Die Scheiben in kleine Stücke schneiden und ebenfalls in die Schüssel geben. Rosinen hinzufügen.

3 Zitrone auspressen. Evtl. frische Kräuter waschen und hacken. Aus Zitronensaft, Öl, Kräutern, Salz, Pfeffer und Zucker ein Dressing zubereiten, in die Schüssel geben und alles gut vermischen.

Dazu passt am besten: Weißbrot, Reis und Hirse sowie Geflügel-, Rind- und Lammfleisch

DESSERTS

Reisbrei mit Safran
Scholehzard

Aus Persien
Schwierigkeitsgrad: für Anfänger
Kann laktosefrei zubereitet werden
Kann vegan zubereitet werden

Arbeitszeit: ca. 30 Minuten
Gesamtzeit: ca. 2 Stunden

Zutaten

125 g Basmatireis
⅛ TL Salz
100 g Zucker
0,1 g gemahlener Safran
1 EL Rosenwasser (erhältlich z. B. in Apotheken)
1 EL Butter oder Margarine (evtl. ohne Milchanteil)
13 g gestiftelte oder gehackte Mandeln
½–1 TL gemahlener Zimt (nach Geschmack)
etwa 5 g gehackte Pistazien (oder Mandeln)

Zubereitung

1 Reis mit 250 ml Wasser und Salz kochen, bis der Reis weich ist.

2 Zucker unterrühren und unter ständigem Rühren etwa 10 Minuten bei geringer Hitzezufuhr weiterquellen lassen.

3 Safran, Rosenwasser, Butter oder Margarine und Mandeln zugeben, gut mischen. Etwa 15 Minuten unter ständigem Rühren bei geringer Hitzezufuhr weiterkochen.

4 Den Reisbrei in 4 kleine Schälchen füllen und auskühlen lassen. Vor dem Servieren mit Zimt sowie Pistazien oder Mandeln garnieren.

Grießpudding
Halva

Aus der Türkei
Schwierigkeitsgrad: für Anfänger
Kann laktosefrei zubereitet werden
Vegane Zubereitung möglich

Arbeitszeit: 35–45 Minuten
Gesamtzeit: 2–2 ¼ Stunden

Zutaten

1 Bio-Zitrone
60 ml Olivenöl
150 g Maisgrieß
125 g Zucker
1 P Vanillezucker
35–40 g gehackte Mandeln, Mandelblätter (gehobelte Mandeln) oder Sesam
100 ml Milch (evtl. laktosearm oder Wasser)
evtl. etwas Puderzucker zum Bestreuen
evtl. etwas gemahlener Zimt zum Bestreuen

Zubereitung

1 Zitrone waschen und etwa ¼ TL Schale abreiben.

2 Olivenöl in einem größeren Topf etwas erwärmen, aber nicht richtig heiß werden lassen. Den Maisgrieß unter ständigem Rühren langsam einrieseln lassen und bei schwacher Hitzezufuhr goldgelb rösten. Dann den Topf von der Herdplatte nehmen.

3 In einer kleinen Schüssel Zucker, Vanillezucker und die abgeriebene Zitronenschale mischen. Dann zum gerösteten Grieß geben und gut durchrühren, danach die Mandeln oder den Sesam unterrühren.

4 Milch mit 100 ml Wasser mischen. Bei laktosefreier Zubereitung 200 ml Wasser verwenden. Die Flüssigkeit zum Grieß in den Topf geben, gut durchrühren und unter Rühren aufkochen lassen. Danach unter ständigem Rühren bei geringer Hitzezufuhr 20–30 Minuten weiterkochen, bis der Grieß dick wird.

5 Gleich in Dessertschälchen füllen und für mindestens 1½ Stunden kühl stellen. Evtl. direkt vor dem Servieren noch mit Puderzucker und/oder Zimt bestreuen.

Süße Nachspeise gefüllt mit Nüssen

Baklava

Aus der Türkei

Schwierigkeitsgrad: für Profis

Kann laktosearm zubereitet werden

Arbeitszeit: 3–3 ½ Stunden
Gesamtzeit: 8–8 ½ Stunden

Zutaten für Auflaufform (Ø 26 cm)

150 g Mehl Mix C von Schär
150 g Mehl Mix plus von Hammermühle
½ TL Johannisbrotkernmehl
etwas Salz
115 g weiche Butter (evtl. laktosearm)
2 Eier
100 ml Joghurt (evtl. laktosearm)
Fett zum Einfetten der Form
285 g Zucker
½ Zitrone
reichlich Backpapier
Mehl zum Bestreuen
150–200 g gemahlene Nüsse (z. B. Walnüsse, Haselnüsse, Pistazien)

Zubereitung

1 Beide Mehle, Johannisbrotkernmehl und Salz in einer Schüssel mischen. 40 g weiche Butter, Eier und Joghurt zugeben, verrühren und dann kneten. Der Teig soll sich ganz weich anfühlen, nicht kleben und nicht reißen. Wenn er zu trocken ist, ganz wenig Wasser unterkneten. Wenn er zu klebrig ist, etwas Mehl hineinkneten. Den Teig für mindestens 1 Stunde in einer gut verschlossenen Dose in den Kühlschrank stellen. Währenddessen die Auflaufform fetten, Sirup kochen und Backpapier zuschneiden.

2 Für den Sirup Zucker in einem kleinen Topf mit 300 ml Wasser erwärmen, bis der Zucker vollständig gelöst ist. Dabei ab und zu umrühren. Die klare Zuckerlösung bei geringer Hitzezufuhr etwa 20 Minuten einkochen. Dabei nicht mehr umrühren! Währenddessen die Zitrone auspressen.

3 Den Topf mit der Zuckerlösung von der Herdplatte nehmen, den Zitronensaft hineingeben und den Topf vorsichtig schwenken (nicht rühren!), damit sich der Zitronensaft in der Zuckerlösung verteilen kann. Den Sirup abkühlen lassen.

4 Aus dem Backpapier 8 Stücke mit dem Durchmesser der Auflaufform zuschneiden. Den Teig aus dem Kühlschrank nehmen, in 8 gleich große Portionen aufteilen und diese jeweils zu einer Kugel formen. Jede Kugel einzeln verarbeiten. Die anderen Kugeln währenddessen im Kühlschrank aufbewahren.

5 Pro Kugel ein zugeschnittenes Backpapier mit Mehl bestreuen. Jede Teigkugel in die Mitte des Backpapiers legen, ein wenig mit den Händen flach drücken. Einen kleinen Teigroller mit Mehl bestreuen und da-

mit den Teig sehr dünn auf der gesamten Fläche des Backpapierzuschnitts ausrollen. (Wenn Sie keinen Teigroller haben, legen Sie ein Backpapier auf den Teig und benutzen zum Ausrollen ein Nudelholz.) Die fertig ausgerollte Teigplatte auf dem Backpapier beherzt mit der Teigseite nach unten in die Auflaufform legen und das Backpapier ganz vorsichtig abziehen. Je nach Geschmack die Teigplatte dicker oder dünner mit Nüssen bestreuen.

6 Wenn die letzte Teigplatte in der Form liegt, den Inhalt der Form in servierfertige Stücke schneiden. Schneiden Sie die Stücke nicht zu groß, denn Baklava ist sehr kalorienreich. Backofen vorheizen.

7 75 g Butter in einem kleinen Topf schmelzen. Die geschmolzene Butter über der oberen Teigplatte gleichmäßig verteilen, evtl. mithilfe eines Pinsels. Auf unterster Schiene im Backofen bei 170–180 °C, Umluft bei 150–160 °C etwa 30 Minuten backen, bis die oberste Teigplatte schön braun ist. Noch etwa 5 Minuten im ausgeschalteten Ofen stehen lassen.

8 Baklava aus dem Ofen nehmen, sofort den Sirup darübergießen und evtl. mithilfe eines Pinsels gleichmäßig verteilen. Auflaufform mit einem passenden Deckel oder Alufolie gut abdecken. Mindestens 5 Stunden, am besten aber über Nacht bei Raumtemperatur stehen lassen, damit der Sirup gut in das Gebäck einziehen kann.

Dazu passt am besten: Mokka

Tipp: Baklava wird häufig mit Schlagsahne serviert und hält sich mehrere Tage, wenn sie gut abgedeckt wird.

Kirschsoufflé
Clafoutis

Aus Frankreich
Schwierigkeitsgrad: für Anfänger
Kann laktosefrei zubereitet werden

Arbeitszeit: 20–30 Minuten
Gesamtzeit: 1–1 ¼ Stunden

Zutaten für Auflaufform (Ø 26 cm)

500–600 g Kirschen (frisch oder aus dem Glas)
25 g Mehl Mix C von Schär
25 g Mehl Mix plus von Hammermühle
25 g Speisestärke
50 g Zucker
1 P Vanillezucker
4 Eier
75 ml Milch (evtl. laktosearm oder Wasser)
Fett zum Einfetten der Form
evtl. 25–50 g Mandelblätter (gehobelte Mandeln)

Zubereitung

1 Kirschen aus dem Glas abtropfen lassen. Frische Kirschen waschen und evtl. entsteinen. Im Originalrezept werden die Kirschen nicht entsteint.

2 Beide Mehle, Speisestärke, Zucker und Vanillezucker in einer großen Schüssel mischen.

3 Eier mit Milch (oder Wasser) in einer anderen Schüssel verquirlen und dann zur Mehlmischung geben. Alles gut verrühren. Der Teig ist ziemlich flüssig.

4 Eine Auflaufform fetten und je nach Geschmack mit Mandelblättern ausstreuen. Die Kirschen hineinfüllen. Dann den Teig vorsichtig darübergießen.

5 Auf unterster Schiene im Backofen bei 170–180 °C, Umluft bei 150–160 °C 20–30 Minuten backen, bis der Teig leicht braun wird. Langsam bei leicht geöffneter Backofentür auskühlen lassen, damit das Soufflé nicht zusammenfällt. Noch warm oder kalt servieren.

Quarkcreme mit Früchten

Topfencreme

Aus Österreich
Schwierigkeitsgrad: für Anfänger
Kann laktosearm zubereitet werden

Arbeitszeit: 15–30 Minuten

Zutaten

300 g Obst (frisch, aufgetaut oder aus dem Glas, z. B. Beerenobst, Kirschen, Birnen)
200 g Vanillequark oder Vanillepudding (evtl. laktosearm)
200 g Speisequark (evtl. laktosearm)
2 EL Kakao
1 ½ EL Puderzucker
1–2 EL Schokoladenstreusel oder klein geschnittene Schokolade

Zubereitung

1 Das Obst je nach Sorte vorbereiten, z. B. waschen, entsteinen oder abtropfen lassen. Die Früchte sehr klein schneiden.

2 Vanillequark oder Vanillepudding und Speisequark in einer Schüssel verrühren. Kakao und Puderzucker mischen, zum Quark geben und unterrühren.

3 Die Quarkcreme abwechselnd mit dem Obst in 4 Gläser schichten. Mit Schokoladenstreuseln bestreuen und servieren.

Flüssige Obstkonfitüre
Warenje

Aus Russland
Schwierigkeitsgrad: für Anfänger
Laktosefrei
Vegan

Arbeitszeit: 30–40 Minuten
Gesamtzeit: mindestens 12 Stunden

Zutaten

250 g frisches Obst (z. B. Kirschen, Himbeeren, Brombeeren)
125 g Zucker

Zubereitung

1 Obst nur waschen und abtropfen lassen. Kirschen werden im Originalrezept nicht entsteint. Wenn Sie das nicht mögen, können Sie sie auch entsteinen.

2 Obst in einer Schüssel mit Zucker versetzen, durchrühren und in den Kühlschrank stellen, am besten über Nacht. Wenn möglich einige Male durchrühren.

3 Alles in einen Topf füllen, aufkochen und 20–30 Minuten bei geringer Hitzezufuhr kochen lassen. Die Konfitüre bleibt flüssig.

Dazu passt am besten: Pudding oder Vanilleeis

Tipp: Warenje wird in kleinen Mengen zu schwarzem Tee gelöffelt.

Kokosspeise

Aus Brasilien
Schwierigkeitsgrad: für Fortgeschrittene
Kann laktosearm zubereitet werden

Arbeitszeit: 30–40 Minuten
Gesamtzeit: 2–2 ½ Stunden

Zutaten

350 ml Milch (evtl. laktosearm)
30 g Tapioka (z. B. in manchen Supermärkten oder bei Internetversendern erhältlich)
140 g Kokosraspel
105 g Zucker

Zubereitung

1 Milch zum Kochen bringen. Tapioka einrühren und unter ständigem Rühren 20–30 Minuten kochen lassen. Die Tapioka bleibt evtl. noch ein klein wenig körnig.

2 Sofort Kokosraspel und Zucker einrühren und mindestens 1–2 Stunden quellen lassen.

Tipp: Füllen Sie die Kokosspeise in Dessertschälchen und verzieren Sie sie mit Früchten, z. B. Mangoscheiben.

Süße Eierspeise
Flan

Aus Argentinien
Schwierigkeitsgrad: für Anfänger
Kann laktosearm zubereitet werden

Arbeitszeit: 20–30 Minuten
Gesamtzeit: 2 ½–3 Stunden

Zutaten

2 Eier
20 g Zucker
1 P Vanillezucker
160 ml Milch (evtl. laktosearm)
40 g brauner Zucker
ein Stück Alufolie

Zubereitung

1 Stellen Sie sich alles, was Sie brauchen, bereit, denn Sie müssen zügig arbeiten.

2 Eier, Zucker und Vanillezucker in einem Messbecher oder Kännchen mit dem Schneebesen schaumig rühren. Milch zugeben und wieder rühren, bis sich Schaum bildet. Backofen vorheizen.

3 Braunen Zucker in einem Topf unter ständigem Rühren bei vorsichtiger Hitzezufuhr karamellisieren, das heißt verflüssigen. Dabei gut rühren und die Hitze langsam steigern, damit der Zucker nicht anbrennt.

4 Entweder den Topf mit dem karamellisierten Zucker schwenken und die schaumige Masse vorsichtig und langsam einfüllen oder kleine Schälchen oder Flexiförmchen mit dem flüssigen Zucker auspinseln und diese dann mit der Masse füllen.

5 Den Topf oder die kleinen Gefäße in eine mit Wasser gefüllte große Auflaufform stellen und mit Alufolie abdecken. Je nach Größe der Gefäße 30–40 Minuten im Backofen bei 190–200 °C, Umluft bei 170–180 °C stocken lassen, bis die Masse fest geworden ist. Langsam im Ofen bei leicht geöffneter Tür auskühlen lassen. Evtl. direkt vor dem Servieren vorsichtig auf eine Platte oder einen Teller stürzen.

Bananenküchlein
Bananas fritas

Aus Westafrika

Schwierigkeitsgrad: für Anfänger

Laktosefrei

Vegan

Arbeitszeit: 30–40 Minuten

Zutaten

ca. 160 g geschälte, reife Bananen (etwa 2 große)
200 g Mehl Mix C von Schär
¼ TL Johannisbrotkernmehl
1 TL gemahlener Muskat
3 TL Zucker
2 TL Öl
Öl zum Ausbraten

Zubereitung

1 Bananen waschen, schälen, einwiegen und mit einer Gabel in einer großen Schüssel zerdrücken.

2 Mehl mit Johannisbrotkernmehl, Muskat und Zucker mischen, dann zur Banane in die Schüssel geben.

3 In einen Messbecher 200 ml Wasser und das Öl geben, gut verquirlen und in die Schüssel zur Banane und der Mehlmischung geben.

4 Alles gut verrühren, evtl. mit einem Mixer. Es dürfen keine Mehlklümpchen mehr erkennbar sein. Den Teig 5 Minuten ruhen lassen. Evtl. Backofen zum Warmhalten vorheizen.

5 Reichlich Öl in einer Pfanne erhitzen. Jeweils einen Esslöffel Teig ins heiße Öl geben und ein wenig glatt streichen. Bei mittlerer bis starker Hitzezufuhr backen, bis die Küchlein rundherum an den Rändern glasig werden. Dann ganz vorsichtig mit dem Pfannenwender vom Boden der Pfanne lösen, wenden und von der anderen Seite braten. Bitte beachten: Die Küchlein lassen sich nicht vom Boden der Pfanne lösen, wenn sie noch nicht braun geworden sind. Deshalb nicht zu früh versuchen, sie umzudrehen.

6 Evtl. die fertigen Küchlein bei etwa 70–80 °C im Backofen warm halten, bis alle Küchlein fertig ausgebraten sind. Dann sofort servieren.

Tipp: Sie können die Küchlein auch gut mit Teffmehl zubereiten. Allerdings sehen Sie dann grau aus.

GEBÄCK

Apfelkuchen
Aebletaerte

Aus Dänemark
Schwierigkeitsgrad: für Anfänger
Kann laktosearm zubereitet werden

Arbeitszeit: 45–60 Minuten
Gesamtzeit: 1 ¼–1 ½ Stunden

Zutaten für Auflaufform (Ø 26 cm)

Fett zum Einfetten der Form
100 g glutenfreies Toastbrot
1 kg herzhafte Äpfel (z. B. Boskop, Klaräpfel)
175 g Zucker
1 TL gemahlener Zimt
3 Eier
75 g Butter oder Margarine (evtl. ohne Milchanteil)
200 g Frischkäse (evtl. laktosearm)
100 g gehackte Mandeln

Zubereitung

1 Eine Auflaufform fetten. Toastbrot zerkrümeln. Äpfel waschen, schälen, vom Kernhaus befreien und in kleine Stücke schneiden. Diese in eine Schüssel geben, mit 70 g Zucker und dem Zimt gut mischen. Dann alles in die Auflaufform füllen.

2 Eier trennen. In einer großen Schüssel Butter oder Margarine mit 105 g Zucker gut verrühren. Dann den Frischkäse, danach das Eigelb zugeben und gut unterrühren. Backofen vorheizen. Mandeln und zerkrümeltes Toastbrot ebenfalls in die große Schüssel geben und gut verrühren.

3 Eiweiß zu Eischnee schlagen und vorsichtig unter den Inhalt der großen Schüssel heben. Diese Masse über die Äpfel gießen. Auf unterster Schiene im Backofen 20–30 Minuten bei 190–200 °C, Umluft bei 170–180 °C backen, bis der Kuchen braun wird. Noch 5 Minuten im ausgeschalteten Ofen stehen, dann langsam auskühlen lassen, indem Sie die Backofentür nach und nach weiter öffnen.

Dunkle Gewürzplätzchen
Brune kager

Aus Dänemark
Schwierigkeitsgrad: für Fortgeschrittene
Kann laktosefrei zubereitet werden
Kann vegan zubereitet werden

Arbeitszeit: 30–45 Minuten
Gesamtzeit: 3 ¾–4 ¾ Stunden

Zutaten für ein Blech

19 g Zitronat (Saisonprodukt)
62 g Butter oder Margarine (evtl. ohne Milchanteil)
50 g Zucker
30 g Zuckerrübensirup
19 g gemahlene Mandeln
etwas gemahlene Nelken
½ TL gemahlener Zimt
etwas gemahlener Ingwer
2 g Pottasche (z. B. saisonal in Supermärkten, ganzjährig in Reformhäusern erhältlich)
65 g Mehl Mix C von Schär
65 g Mehl Mix plus von Hammermühle
Frischhaltefolie
Backpapier

Zubereitung

1 Zitronat ganz fein hacken. Butter oder Margarine, Zucker und Sirup in einem größeren Topf gut mischen und unter ständigem Rühren schmelzen. Dann sofort von der Herdplatte nehmen.

2 Zitronat, Mandeln und Gewürze mischen, in den Topf geben und gut unterrühren. Pottasche in einem Schälchen in ½ TL kaltem Wasser lösen (Vorsicht: es wird warm), ebenfalls in den Topf geben und unterrühren.

3 Beide Mehle mischen, nach und nach in den Topf geben und dabei gut rühren.

4 Frischhaltefolie doppelt auf den Küchentisch legen. Etwa die Hälfte des Teiges darauf so verteilen, dass Sie mithilfe der Folie eine Wurst mit einem Durchmesser von etwa 3 cm formen können. Die Teigwurst in Folie verpacken und auf ein Brettchen legen. Die andere Hälfte des Teiges genauso verarbeiten. Den Teig auf dem Brettchen für 3–4 Stunden kühl stellen.

5 Backblech mit Backpapier auslegen. Backofen vorheizen. Den Teig aus der Folie auspacken, mit einem scharfen Messer Scheiben von etwa 0,5 cm Dicke abschneiden und auf das Backblech legen.

6 Auf unterster Schiene im Backofen 5–10 Minuten bei 190–200 °C, Umluft bei 170–180 °C backen, bis die Plätzchen braun werden. Evtl. noch 5 Minuten im ausgeschalteten Backofen stehen lassen. Dann sofort vom Backblech nehmen, auf einem Rost auskühlen lassen und in einer gut verschließbaren Plastikdose verpacken.

Zimtschnecken

Kanelbullar

Aus Schweden

Schwierigkeitsgrad: für Fortgeschrittene

Kann laktosearm zubereitet werden

Arbeitszeit: 30–40 Minuten
Gesamtzeit: 1 ¾–2 Stunden

Zutaten für ein Blech

60–80 g Butter oder Margarine
(evtl. ohne Milchanteil)
50 g Zucker
125 g Mehl Mix C von Schär
125 g Mehl Mix plus von Hammermühle
¼ TL Johannisbrotkernmehl
½ TL gemahlene Flohsamen
1 P Trockenhefe
½ P Backpulver
¼ TL Salz
¼ TL gemahlener Kardamom
2 Eier
ca. 100 ml Milch (evtl. laktosearm)
Backpapier
1 TL gemahlener Zimt
Mehl zum Bestreuen
10–20 g Hagelzucker

Zubereitung

1 40 g Butter oder Margarine in einer großen Schüssel mit 25 g Zucker verrühren.

2 Beide Mehle mit Johannisbrotkernmehl, Flohsamen, Trockenhefe, Backpulver, Salz und Kardamom mischen und in die große Schüssel geben.

3 1 Ei hinzufügen, erst rühren, dann kneten. So viel Milch unterkneten, dass der Teig keine Risse mehr bildet, aber auch nicht an den Händen klebt. Den Teig etwa 40–50 Minuten gehen lassen.

4 Währenddessen ein Backblech mit Backpapier auslegen. 25 g Zucker mit dem Zimt in einem Schälchen mischen.

5 Teig noch einmal durchkneten. Wenn er Risse bildet, ein wenig Milch unterkneten.

6 Ein großes Stück Backpapier mit Mehl bestreuen. Den Teig darauf etwas flach drücken, ein Backpapier darüberlegen und den Teig zwischen den Backpapieren etwa 3 mm dick ausrollen. Das obere Backpapier abziehen. Den Teig je nach Geschmack dünner oder dicker mit Butter bestreichen. Die Mischung aus Zimt und Zucker darauf verteilen.

7 Den Teig mithilfe des Backpapiers zu einer Wurst aufrollen. Davon etwa 1,5 cm dicke Scheiben abschneiden und mithilfe eines Messers auf das Backblech legen. Noch einmal 30–40 Minuten gehen lassen.

8 1 Ei in einem Schälchen verquirlen. Die Schnecken mit dem Ei bestreichen und Hagelzucker darüberstreuen. Auf unterster Schiene im Backofen bei 190–200 °C, Umluft bei 170–180 °C ca. 10 Minuten backen, bis die Schnecken braun werden. Noch 5 Minuten im ausgeschalteten Ofen stehen lassen. Nach dem Auskühlen in einer gut schließenden Plastikdose verpacken.

Tipp: Sie können die Schnecken zusätzlich mit Rosinen oder kleinen Fruchtstückchen füllen.

Süße Safranbrötchen
Lussekatter

Aus Schweden
Schwierigkeitsgrad: für Anfänger
Kann laktosefrei zubereitet werden

Arbeitszeit: 20–30 Minuten
Gesamtzeit: 1 ½–2 Stunden

Zutaten für ein Blech

100 g weiche Butter oder Margarine (evtl. ohne Milchanteil)
100 g Zucker
½ TL Salz
5 Eier
325 g Mehl Mix C von Schär
125 g Vollkornreismehl
½ TL Johannisbrotkernmehl
¼ TL gemahlene Flohsamen
0,1 g gemahlener Safran
2 P Trockenhefe
1–3 EL Milch (evtl. laktosearm oder Wasser)
Backpapier
50 g gemahlene Mandeln
evtl. 50 g Rosinen

Zubereitung

1 Butter mit Zucker und Salz in einer großen Schüssel gut verrühren. 4 Eier zugeben und so gut wie möglich unterrühren.

2 Beide Mehle mit Johannisbrotkernmehl, Flohsamen, Safran und Trockenhefe mischen. Danach in die große Schüssel geben, zuerst mit einem Kochlöffel gut rühren und dann kneten, bis keine Mehl- oder Fettklümpchen mehr erkennbar sind. Wenn der Teig Risse beim Kneten bildet, etwas Milch (bei laktosefreier Zubereitung Wasser) unterkneten. Der fertige Teig soll sich leicht feucht anfühlen. Er klebt ein klein wenig.

3 Backblech mit Backpapier auslegen. Mandeln und evtl. Rosinen unter den Teig kneten. Brötchen formen, auf das Backblech setzen und oben mit einem scharfen Messer einritzen. Etwa 30 Minuten gehen lassen.

4 Währenddessen 1 Ei trennen. Das Eigelb in einem Schälchen mit 1 EL Milch (oder Wasser) gut verquirlen. Eine Fettpfanne oder große Schale mit Wasser unten in den Backofen schieben.

5 Die Brötchen mit dem verquirlten Ei bestreichen. Das Blech möglichst weit unten in den kalten Backofen schieben und bei 170–180 °C, Umluft bei 150–160 °C etwa 30 Minuten backen, bis die Brötchen braun werden.

Herzhaft-süßes Mürbegebäck
Shortbread

Aus Schottland
Schwierigkeitsgrad: für Anfänger
Kann laktosefrei zubereitet werden
Kann vegan zubereitet werden

Arbeitszeit: 35–45 Minuten
Gesamtzeit: 1 ¼–1 ½ Stunden

Zutaten für ein Blech

60 g Mehl Mix C von Schär
65 g Mehl Mix plus von Hammermühle
⅛ TL Johannisbrotkernmehl
¼ TL gemahlene Flohsamen
wenig Salz
40 g Puderzucker
80 g Butter oder Margarine (evtl. ohne Milchanteil)
Backpapier
Mehl zum Bestreuen
20 g Zucker

Zubereitung

1 Beide Mehle mit Johannisbrotkernmehl, Flohsamen, Salz und Puderzucker in einer Schüssel mischen. Butter oder Margarine zugeben, erst rühren, dann alles zu einem Teig verkneten. Der Teig klebt etwas. Den Teig für mindestens 30 Minuten in einer gut schließenden Plastikdose in den Kühlschrank stellen.

2 Backpapier auf ein Backblech legen. Backofen vorheizen. Ein Backpapier auf den Küchentisch legen und mit Mehl bestreuen. Den Teig darauflegen, etwas flach drücken und dann zwischen zwei Backpapieren so ausrollen, dass er etwa 1 cm dick ist.

3 Vom Teig Streifen von etwa 1 cm Breite und 4 cm Länge schneiden, vorsichtig mithilfe eines Messers auf das Blech legen und mehrfach vorsichtig (nicht zu tief) mit einer Gabel einstechen. Auf unterster Schiene im Backofen bei 150–160 °C, Umluft bei 130–140 °C 25–30 Minuten backen, bis das Shortbread leicht braun wird. Noch 5 Minuten im ausgeschalteten Ofen stehen lassen.

4 Das warme Shortbread sehr vorsichtig in einem Teller mit Zucker wälzen und nach dem Auskühlen sofort in eine gut schließende Plastikdose verpacken.

Tipp: Das Shortbread schmeckt deutlich anders als normales Mürbegebäck und noch besser, wenn es 1–2 Tage in einer Dose gelegen hat. Sie können auch die Salzmenge ganz nach Ihrem Geschmack variieren.

Rosentorte
Rose cake

Aus England
Schwierigkeitsgrad: für Fortgeschrittene
Kann laktosearm zubereitet werden

Arbeitszeit: 1–1 ½ Stunden
Gesamtzeit: 3 ½–4 Stunden

Zutaten für Springform (Ø 26 cm)

Fett zum Einfetten der Form
20 g Mehl Mix C von Schär
17 g Mehl Mix plus von Hammermühle
25 g Speisestärke
⅛ TL Backpulver
2 Eier
125 g Zucker
½ P Vanillezucker
1 Bio-Zitrone
500 g Erdbeeren (frisch), alternativ Himbeeren (frisch oder aus dem Glas)
50 ml Rosenwasser (erhältlich z. B. in Apotheken)
250 g Speisequark (Fettgehalt nach Geschmack; evtl. laktosearm)
250 g Naturjoghurt (1,5 oder 3 % Fett, evtl. laktosearm)
Gelatine oder Agar-Agar für 1,5 l Flüssigkeit
evtl. ungespritzte Rosenblüten oder Rosenblätter

Zubereitung

1 Eine Form fetten. Beide Mehle, Speisestärke und Backpulver sieben und mischen. Eier trennen.

2 Eigelb mit 1–1½ EL lauwarmem Wasser in einer großen Schüssel schaumig rühren. 30 g Zucker und den Vanillezucker zugeben und weiterrühren.

3 Eiweiß zu Eischnee schlagen. Währenddessen 15 g Zucker vorsichtig einrieseln lassen. Den festen Eischnee vorsichtig über die schaumige Eimasse schichten. Backofen vorheizen.

4 Die Mehlmischung auf den Eischnee schichten und vorsichtig mit einem Kochlöffel unterrühren, bis keine Mehlklümpchen mehr erkennbar sind. Dabei den Löffel mehrere Male am Rand der Schüssel abstreifen, damit an ihm kein Mehl hängen bleibt.

5 Teig in die Form füllen, glatt streichen und mit einer Gabel mehrfach einstechen. Auf unterster Schiene im Backofen 5–10 Minuten bei 205–215 °C, Umluft 185–195 °C backen, bis der Boden braun wird. Die Form mit dem fertigen Boden aus dem Backofen nehmen und auskühlen lassen. Währenddessen den Belag vorbereiten.

6 Zitrone waschen und die Schale abreiben. Sie brauchen etwa ¼ TL abgeriebene Zitronenschale. Das Obst waschen, putzen, evtl. in kleine Stücke schneiden und mit einer Gabel in einer Schüssel zerdrücken oder pürieren. Rosenwasser unterrühren.

7 Quark, Joghurt und Zitronenschale zum Obst geben und unterrühren, danach 80 g Zucker. Beachten Sie dabei bitte die Zubereitungsanleitung von Gelatine oder Agar-Agar! Bei manchen Produkten darf der Zucker erst ganz zum Schluss der Zubereitung zugegeben werden.

8 Gelatine oder Agar-Agar nach Packungsanleitung zubereiten, in die Creme geben und gut unterrühren. Die Creme auf dem Boden verteilen. Evtl. mit ungespritzten Rosenblüten oder -blättern verzieren. Für mindestens 2 Stunden in den Kühlschrank stellen.

Tipp: An heißen Sommertagen holen Sie die Torte erst direkt vor dem Servieren aus dem Kühlschrank. Das ist ein besonders erfrischender Genuss.

Sachertorte

Aus Österreich
Schwierigkeitsgrad: für Fortgeschrittene
Kann laktosefrei zubereitet werden

Arbeitszeit: ¾–1 ¼ Stunden
Gesamtzeit: 3 ½–4 Stunden

Zutaten für Springform (Ø 26 cm)

260 g Zucker
80 g Kakao
4 Eier
80 ml Öl
½ Röhrchen flüssiges Rumaroma
230 ml Milch (evtl. laktosearm oder Wasser)
155 g Mehl Mix C von Schär
155 g Mehl Mix plus von Hammermühle
1½ P Backpulver
Fett zum Einfetten der Form
350 g Aprikosenmarmelade
75–80 g Vollmilch-Kuvertüre oder -Schokolade
75–80 g Zartbitter-Kuvertüre oder -Schokolade

Zubereitung

1 Zucker und Kakao in einer großen Schüssel mischen. Eier, Öl, Rumaroma und Milch (oder Wasser) unterrühren. Backofen vorheizen.

2 Beide Mehle mit Backpulver mischen und in die große Schüssel geben. Gut durchrühren, evtl. mit einem Mixer. Der Teig sollte etwa so fest wie ein Rührteig, also gut streichfähig sein.

3 Eine Springform fetten und den Teig hineinfüllen. Auf unterster Schiene im Backofen bei 180–200 °C, Umluft bei 160–170 °C ca. 30–40 Minuten backen. Noch 5–10 Minuten im warmen Ofen stehen lassen. Aus der Form nehmen und auf einem Rost auskühlen lassen.

4 Die Torte in der Mitte parallel zur Oberfläche durchschneiden. Das obere Teil vorsichtig mithilfe eines Tortenretters oder großen, dünnen Brettchens abnehmen und zur Seite legen. Die Aprikosenmarmelade durchrühren, damit sie sich besser verteilen lässt. Das untere Teil der Torte mit der Marmelade bestreichen. Dann das obere Teil vorsichtig wieder aufsetzen.

5 Vollmilch- und Zartbitterkuvertüre oder -Schokolade vorsichtig im Wasserbad (ein kleiner Topf mit der Schokolade schwimmt in einem größeren Topf, der mit Wasser gefüllt ist) unter ständigem Rühren schmelzen (bitte Packungsanleitung der Kuvertüre beachten). Die Torte oben und am Rand vorsichtig mithilfe eines Pinsels mit der flüssigen Schokolade bestreichen. Vor dem Servieren mindestens 2 Stunden bei Zimmertemperatur aushärten lassen.

Mohnkuchen
Makowiec

Aus Polen
Schwierigkeitsgrad: für Fortgeschrittene
Kann laktosearm zubereitet werden

Arbeitszeit: 30–45 Minuten
Gesamtzeit: 2 ½–3 Stunden

Zutaten für ein Blech

etwa 600 ml Milch (evtl. laktosearm)
500 g gemahlener Mohn (z. B. in vielen Reformhäusern ganzjährig erhältlich)
100 g gehackte Mandeln
7 Tropfen Bittermandelaroma
evtl. 100–150 g Rosinen
280 g Butter oder Margarine (evtl. ohne Milchanteil)
430 g Zucker
etwas Salz
4 Eier
390 g Mehl Mix C von Schär
390 g Mehl Mix plus von Hammermühle
1 ½ P Trockenhefe
Backpapier
1 P Vanillesaucenpulver zum Kochen

Zubereitung

1 500 ml Milch aufkochen. Den Mohn einrühren und auf der ausgeschalteten Herdplatte 10 Minuten quellen lassen. Dabei ab und zu umrühren. Dann gehackte Mandeln und Bittermandelaroma, je nach Geschmack auch Rosinen zugeben und unterrühren. Auskühlen lassen.

2 80 g Butter oder Margarine in einer großen Schüssel mit 80 g Zucker und etwas Salz verrühren. Eier trennen. Eigelb zugeben und so gut wie möglich unterrühren.

3 160 g Mehl Mix C, 160 g Mehl Mix plus und Trockenhefe mischen. Dann in die große Schüssel geben. Zuerst mit einem Kochlöffel alles gut durchrühren, dann kneten. Nach und nach 75–100 ml Milch zugeben und unterkneten. Der Teig soll sich leicht feucht anfühlen, aber keine Risse bilden oder kleben.

4 Eine Fettpfanne mit Backpapier auslegen. Den Teig gleichmäßig auf dem Boden der Fettpfanne verteilen und 30 Minuten gehen lassen. Währenddessen die Streusel und die Mohnmasse fertig vorbereiten.

5 Für die Streusel in einer großen Schüssel 230 g Mehl Mix C, 230 g Mehl Mix plus und 150 g Zucker mischen. 200 g Butter oder Margarine in einem kleinen Topf schmelzen. Dabei darauf achten, dass das Fett nicht zu heiß wird. Das flüssige Fett in die große Schüssel geben, dabei gut mit einem Kochlöffel rühren.

6 Vanillesaucenpulver unter die Mohnmasse rühren, unter ständigem Rühren kurz aufkochen. Dann den Topf vom Herd nehmen und kurz abkühlen lassen. Backofen vorheizen.

7 Eiweiß zu Eischnee schlagen. Dabei langsam 200 g Zucker einrieseln lassen. Den Eischnee vorsichtig unter die nicht zu heiße Mohnmasse heben.

8 Mohnmasse auf dem Teig in der Fettpfanne verteilen und mit den Streuseln bestreuen. 30–40 Minuten auf der untersten Schiene im Backofen bei 170–180 °C, Umluft bei 150–160 °C backen, bis die Streusel braun werden. Noch 5–10 Minuten im ausgeschalteten Backofen stehen lassen.

Tipp: Wenn Sie nicht so viel Mohnkuchen backen wollen, bereiten Sie nur die Hälfte der Mohnmasse zu und belegen stattdessen die andere Hälfte des Kuchens mit Obst, z. B. Kirschen, Pfirsichen oder Aprikosen. Sie können auch den Mohnkuchen in einer Springform mit ca. 24 cm Durchmesser backen. Dann halbieren Sie alle Zutatenmengen.

Zitronentorte
Crostata al limone

Aus Italien

Schwierigkeitsgrad: für Anfänger

Kann laktosearm zubereitet werden

Arbeitszeit: 30–40 Minuten
Gesamtzeit: 2 ½–2 ¾ Stunden

Zutaten für Springform (Ø 26 cm)

3–4 Bio-Zitronen
125 g kalte Butter oder Margarine (evtl. ohne Milchanteil)
200 g Zucker
etwas Salz
5 Eier
125 g Mehl Mix C von Schär
125 g Mehl Mix plus von Hammermühle
Fett zum Einfetten der Form
500 g Ricotta (evtl. laktosearmer Frischkäse)
evtl. 50 g Haselnusskrokant
Puderzucker zum Bestreuen

Zubereitung

1 Zitronen waschen, Schale abreiben.

2 Für den Teig Butter oder Margarine, 75 g Zucker, Salz und ¼ TL Zitronenschale in einer großen Schüssel gut verrühren.

3 Ein Ei trennen, das Eiweiß für den Belag aufheben. Eigelb und ein ganzes Ei in die große Schüssel geben und unterrühren.

4 Beide Mehle mischen und mit den anderen Zutaten in der großen Schüssel zu einem feuchten, aber nicht klebrigen Teig verkneten. Den Teig mindestens für 1 Stunde kühl stellen.

5 Die Springform fetten und den Teig auf dem Boden verteilen. Einen etwa 1 cm hohen Rand formen. Backofen vorheizen.

6 Für den Belag Zitronen auspressen. 125 g Zucker, 3 Eier und das Eiweiß schaumig rühren. 7–8 EL Zitronensaft und restliche geriebene Zitronenschale, dann den Ricotta oder Frischkäse zugeben und alles gut verrühren.

7 Je nach Geschmack den Teig mit Haselnusskrokant betreuen. Die Masse für den Belag darübergießen. Auf unterster Schiene im Backofen bei 170–180 °C, Umluft bei 150–160 °C 40–50 Minuten backen, bis der Kuchen leicht braun ist. Direkt vor dem Servieren mit Puderzucker bestreuen.

Nusstorte
Torta di nocciole

Aus Italien
Schwierigkeitsgrad: für Anfänger
Kann laktosefrei zubereitet werden

Arbeitszeit: 15–20 Minuten
Gesamtzeit: 40–50 Minuten

Zutaten für Springform (Ø 26 cm)

evtl. 50–75 g Schokolade
Fett zum Einfetten der Springform
200 g weiche Butter oder Margarine (evtl. ohne Milchanteil)
200 g Zucker
3 Eier
125 g Mehl Mix C von Schär
125 g Mehl Mix plus von Hammermühle
1 P Backpulver
200 g gemahlene oder gehackte Nüsse (gemischt, z. B. Haselnüsse, Walnüsse, Pistazien)
40–50 ml Milch (evtl. laktosearm o. Wasser)

Zubereitung

1 Wenn Sie die Torte mit Schokolade zubereiten wollen, evtl. Schokolade in sehr kleine Stückchen schneiden. Eine Springform einfetten.

2 Butter oder Margarine in einer großen Schüssel mit dem Zucker gut verrühren. 2 Eier trennen. Eigelb unter die Fett-Zucker-Mischung rühren.

3 Beide Mehle mit dem Backpulver mischen, in die große Schüssel geben, zuerst mit einem Kochlöffel rühren, dann zu einem Teig verkneten, bis keine Fett- oder Mehlklümpchen mehr erkennbar sind. Der Teig ist relativ fest.

4 Eine Mischung der Nusssorten, die Sie am liebsten mögen, und evtl. Schokoladenstücken zum Teig geben und gut unterrühren, danach die Milch (bei laktosefreier Zubereitung Wasser).

5 Backofen vorheizen. Eiweiß zu Eischnee schlagen. Diesen vorsichtig, aber vollständig unter den Teig heben.

6 Den Teig in die Springform füllen, oben glatt streichen und 25–30 Minuten bei 170–180 °C auf der untersten Schiene im Backofen, Umluft bei 150–160 °C backen, bis der Kuchen anfängt, braun zu werden. Etwas auskühlen lassen, vorsichtig mit einem Messer von der Springform lösen und auf einem Gitter abkühlen lassen.

Dazu passt am besten: Schokoladen- oder Vanillesauce oder Schokoladeneis

Süße Stückchen
Sekerpare

Aus der Türkei
Schwierigkeitsgrad: für Anfänger
Laktosefrei

Arbeitszeit: 50–60 Minuten
Gesamtzeit: 5–6 Stunden

Zutaten für ein Blech

¼ Bio-Zitrone
250 g Zucker
75 g Puderzucker
125 g Mehl Mix C von Schär
125 g Mehl Mix plus von Hammermühle
50 g Maisgrieß
25 g gemahlene Mandeln
½ TL gemahlene Flohsamen
½ TL Johannisbrotkernmehl
1 P Vanillezucker
½ P Backpulver
125 g weiche Butter oder Margarine (evtl. ohne Milchanteil)
1 Ei
Backpapier
evtl. 20–25 ganze Haselnüsse oder enthäutete Mandelhälften
Butterbrotpapier

Zubereitung

1 Zitrone waschen und ein Viertel abschneiden. Für den Sirup den Zucker mit 300 ml Wasser und dem Zitronenviertel in einem kleinen Topf bei geringer Hitzezufuhr 20 Minuten kochen lassen. Dabei nicht umrühren. Danach von der Herdplatte nehmen und stehen lassen.

2 Puderzucker in eine Schüssel sieben. Beide Mehle, Grieß, Mandeln, Flohsamen, Johannisbrotkernmehl, Vanillezucker und Backpulver zugeben und vermischen. Butter oder Margarine und das Ei hinzufügen, erst rühren, dann zu einem Teig verkneten. Der Teig soll keine Risse bilden, aber auch nicht kleben. Sonst ein klein wenig mehr Fett oder Mehl unterkneten.

3 Backofen vorheizen. Ein Backblech mit Backpapier auslegen. Kugeln von etwa 3,5 cm Durchmesser aus dem Teig formen, aufs Blech setzen und ein wenig flach drücken. Evtl. jeweils eine Haselnuss oder Mandelhälfte zur Verzierung in die Mitte der Stückchen drücken. Auf unterster Schiene im Backofen bei 165–175 °C, Umluft bei 145–155 °C 20–25 Minuten backen, bis die Stückchen braun werden. Die Stückchen reißen beim Backen an der Oberfläche leicht ein. Noch 5 Minuten im ausgeschalteten Ofen stehen lassen.

4 Das Blech aus dem Ofen nehmen. Die Stückchen sofort vorsichtig mit dem Sirup mithilfe eines Pinsels so lange bestreichen oder betupfen, bis der Sirup nicht mehr sofort einzieht. Die Stückchen etwa 30 Minuten ruhen lassen.

5 Eine gut schließende Plastikdose mit Butterbrotpapier auslegen und die Stückchen vorsichtig, evtl. mithilfe eines Pfannenwenders, einlagig in die Dose legen (nicht übereinanderschichten!). Mindestens 4–5 Stunden ruhen lassen.

Kardamomplätzchen
Shirini nokhodchi

Aus Persien
Schwierigkeitsgrad: für Fortgeschrittene
Laktosefrei
Vegane Zubereitung möglich

Arbeitszeit: 20–30 Minuten
Gesamtzeit: 6–7 Stunden

Zutaten für ein Blech

150 g Puderzucker
½ TL gemahlener Kardamom
300 g Kichererbsenmehl (erhältlich z. B. in Reformhäusern oder Bioläden)
150 g Butter oder Margarine (evtl. ohne Milchanteil)
Backpapier
Kichererbsenmehl zum Bestreuen
evtl. 50–60 g gehackte Mandeln

Zubereitung

1 Puderzucker in eine kleine Schüssel sieben. Kardamom mit dem Kichererbsenmehl in einer anderen Schüssel mischen.

2 Butter oder Margarine in einem größeren Topf schmelzen, dabei nicht zu stark erhitzen. Den Puderzucker einrühren. Kichererbsenmehl mit Kardamom nach und nach zugeben, erst unterrühren, dann kneten. Der Teig ist sehr trocken und krümelig. In einer gut verschließbaren Plastikdose 5–6 Stunden bei Zimmertemperatur ruhen lassen.

3 Backofen vorheizen. Ein Backblech mit Backpapier auslegen. Ein weiteres Backpapier auf den Küchentisch legen und dünn mit Kichererbsenmehl bestreuen. Den krümeligen Teig auf diesem Backpapier zu einem etwa 1–1,5 cm dicken, zusammenhängenden Teig zusammendrücken. Mit sehr kleinen Förmchen (Durchmesser ca. 3 cm; original sind Kleeblattförmchen) ausstechen und vorsichtig mithilfe eines Messers auf das Blech legen. Evtl. mit gehackten Mandeln verzieren und diese leicht eindrücken.

4 10–20 Minuten auf der untersten Schiene im Backofen bei 150–160 °C, Umluft 130–140 °C backen, bis die Plätzchen anfangen, braun zu werden. Dann die Plätzchen gleich aus dem Ofen nehmen, denn sie werden schnell dunkel.

5 Kurz auskühlen lassen, in eine gut schließende Plastikdose verpacken und bald verzehren.

Walnussplätzchen

Nan-e gerdui

Aus Persien

Schwierigkeitsgrad: für Anfänger

Laktosefrei

Arbeitszeit: 10–15 Minuten
Gesamtzeit: 20–30 Minuten

Zutaten für ein Blech

150 g gemahlene Walnüsse

75 g gehackte Walnüsse

Backpapier

5 Eier

60 g Zucker

1 P Vanillezucker

evtl. 25–30 Walnusshälften

Zubereitung

1 Evtl. Walnüsse mahlen und hacken.

2 Ein Backblech mit Backpapier auslegen. Eier trennen. Eigelb in einer großen Schüssel mit Zucker und Vanillezucker gut verrühren. Gemahlene und gehackte Walnüsse zugeben, wieder gut rühren. Der Teig ist sehr klebrig und krümelig.

3 Backofen vorheizen. Jeweils etwa 1 TL Teig auf das Backpapier setzen und ein wenig flach drücken. Je nach Geschmack mit je ½ Walnuss verzieren. Diese dann leicht in den Teig drücken.

4 10–15 Minuten auf der untersten Schiene im Backofen bei 160–170 °C, Umluft 140–150 °C backen, bis die Plätzchen braun werden. Auf einem Rost auskühlen lassen und dann in eine gut schließende Plastikdose verpacken.

Tipp: Gemahlene und gehackte Walnüsse sind nicht in jedem Supermarkt erhältlich. Mit einer Küchenmaschine können Sie die Walnüsse selbst hacken und mahlen. Auch Walnusshälften können Sie selbst schneiden.

Zimtbällchen

Loukoumades

Aus Griechenland

Schwierigkeitsgrad: für Anfänger

Laktosefrei

Vegan

Arbeitszeit: 30–45 Minuten
Gesamtzeit: 1 ½–2 Stunden

Zutaten

100 g Reismehl
½ P Trockenhefe
⅛ TL Salz
½ TL Zucker
60–75 ml Mineralwasser mit Kohlensäure
Öl zum Ausbraten
Küchenpapier
gemahlener Zimt (Menge nach Geschmack)
evtl. 10–20 g gehackte Walnüsse
50–70 g Honig

Zubereitung

1 Reismehl, Trockenhefe, Salz und Zucker in einer großen Schüssel mischen.

2 Nach und nach Mineralwasser zugeben und unterrühren, sodass ein feuchter, nicht zu klebriger Teig entsteht.

3 30–45 Minuten gehen lassen, evtl. im Backofen bei 40–60 °C. Dann den Teig durchkneten und noch einmal 15 Minuten gehen lassen.

4 So viel Öl in einem Topf erhitzen, dass kleine Teigbällchen darin schwimmen können. Mit einem Teelöffel Teig abstechen und mit bemehlten Händen runde Bällchen formen. Diese im heißen Öl ausbacken, bis sie braun sind. Dann mit einem Schaumlöffel herausholen und auf Küchenpapier abtropfen lassen.

5 Noch warm je nach Geschmack mit Zimt und Walnüssen bestreuen, Honig darübergießen und servieren.

Schokoladenkekse
Fudge brownies

Aus den USA
Schwierigkeitsgrad: für Anfänger
Kann laktosefrei zubereitet werden

Arbeitszeit: 30–45 Minuten
Gesamtzeit: 1–1¼ Stunden

Zutaten für eine Fettpfanne

Fett zum Einfetten der Fettpfanne
160 g Edelbitterschokolade
320 g Butter oder Margarine (evtl. ohne Milchanteil)
530 g Zucker
10 ml flüssiges Vanillearoma
120 g Mehl Mix C von Schär
130 g Mehl Mix plus von Hammermühle
6 Eier
evtl. 200 g gemahlene Haselnüsse

Zubereitung

1 Fettpfanne oder tiefes Blech einfetten. Schokolade in sehr kleine Stückchen schneiden.

2 Butter oder Margarine in einem großen Topf unter Rühren schmelzen. Dann die Schokoladenstückchen zugeben und diese ebenfalls unter ständigem Rühren schmelzen. Den Topf vom Herd nehmen.

3 Zucker und Vanillearoma zugeben und unterrühren. Beide Mehle mischen, nach und nach ebenfalls zugeben und unterrühren. Backofen vorheizen.

4 Ein Ei nach dem anderen zugeben und jeweils gut durchrühren, danach je nach Geschmack die Haselnüsse. Nüsse machen die Brownies fester.

5 Den Teig auf dem Blech verteilen und glatt streichen. Etwa 30 Minuten auf der untersten Schiene im Backofen bei 170–180 °C, Umluft bei 150–160 °C backen, bis die Brownies braun werden. In der Fettpfanne kalt werden lassen. Dann schneiden und in einer gut schließenden Plastikdose verpacken.

Tipp: Sie können auch die angegebenen Mengen halbieren und die Brownies in einer Springform oder einer Auflaufform mit 24 cm Durchmesser backen.

Walnusskekse mit Schokolade
Chocolate chip cookies

Aus den USA
Schwierigkeitsgrad: für Anfänger
Kann laktosefrei zubereitet werden

Arbeitszeit: 45–60 Minuten
Gesamtzeit: 2 ¼–2 ½ Stunden

Zutaten für ein Blech

300 g Schokolade mit 70 % Kakaoanteil
150 g Butter oder Margarine (evtl. ohne Milchanteil)
125 g Zucker
110 g brauner Zucker
1 Ei
125 g Mehl Mix C von Schär
125 g Mehl Mix plus von Hammermühle
1 P Backpulver
etwas Salz
¼ TL Johannisbrotkernmehl
2 Röhrchen flüssiges Vanillearoma
3 EL Milch (evtl. laktosearm oder Wasser)
125 g gehackte Walnüsse
Backpapier

Zubereitung

1 Schokolade in kleine Stücke schneiden.

2 Butter, Zucker und braunen Zucker in einer großen Schüssel mischen. Ei zugeben und gut verrühren.

3 Beide Mehle, Backpulver, Salz und Johannisbrotkernmehl mischen, nach und nach in die große Schüssel geben und gut unterrühren.

4 Vanillearoma und Milch (oder Wasser), danach die Schokoladenstückchen und die gehackten Walnüsse zugeben und unterrühren. Den Teig in einer gut verschlossenen Plastikdose für 1 Stunde kühl stellen.

5 Backofen vorheizen. Backblech mit Backpapier auslegen. Teigbällchen formen und auf das Backblech setzen. Auf unterster Schiene im Backofen 20–25 Minuten bei 170–180 °C, Umluft bei 150–160 °C backen, bis die Cookies anfangen, braun zu werden. Dann das Backblech aus dem Ofen nehmen. Die Cookies 10 Minuten auf dem Blech auskühlen lassen, dann vorsichtig auf einen Rost legen und verpacken, sobald sie kalt sind.

Tipp: Wenn Sie nur einen kleinen Backofen haben, in den kein Blech passt, können Sie auch je 1–1½ EL Teig in Muffinförmchen aus Silikon setzen und backen.

Süßer Eischneekuchen
Angel cake

Aus den USA
Schwierigkeitsgrad: für Fortgeschrittene
Laktosefrei

Arbeitszeit: 30–45 Minuten
Gesamtzeit: 1 ¼–1 ½ Stunden

Zutaten für Rodonform

Fett zum Einfetten der Form
65 g Mehl Mix C von Schär
30 g Puderzucker
5 Eier (nur das Eiweiß)
100 g Zucker
½ TL Weinstein-Backpulver (erhältlich z. B. in Reformhäusern)
2 Tropfen Bittermandelaroma

Zubereitung

1 Eine Rodonform fetten. Mehl mit Puderzucker mischen und sieben.

2 Eier trennen. Eiweiß zu steifem Eischnee schlagen. Wenn der Eischnee fest ist, Zucker und Weinstein-Backpulver langsam einrieseln lassen und Bittermandelaroma hinzufügen. Dabei weiterschlagen.

3 Backofen vorheizen. Nach und nach die Mehl-Puderzucker-Mischung zum Eischnee geben und mit einem Kochlöffel vorsichtig, aber vollständig unterrühren, bis die Masse ganz durchmischt ist.

4 Masse in die Form füllen. Auf unterster Schiene im Backofen 30–40 Minuten bei 170–180 °C, Umluft bei 150–160 °C backen. Noch 5 Minuten im ausgeschalteten Ofen stehen lassen. Den Kuchen einige Zeit in der Form kalt werden lassen. Dann aus der Form stürzen und weiter auskühlen lassen.

Tipp: Sie können den Kuchen vor dem Verzehr mit Puderzucker bestreuen oder mit Früchten servieren.

Möhren-Bananen-Kuchen
Carrot cake

Aus Südafrika
Schwierigkeitsgrad: für Fortgeschrittene
Kann laktosearm zubereitet werden

Arbeitszeit: 1 ½–1 ¾ Stunden
Gesamtzeit: 5 ½–5 ¾ Stunden

Zutaten für Springform (Ø 26 cm)

Fett zum Einfetten der Form
200 g Möhren
ca. 250 g Bananen
250 g gehackte Mandeln (oder Walnüsse)
3 Eier
250 g Zucker
250 ml Öl
200 g Mehl Mix C von Schär
200 g Mehl Mix plus von Hammermühle
2 P Backpulver
2 TL gemahlener Zimt
300 g Puderzucker
125 g Frischkäse (evtl. laktosearm)
1 TL flüssiges Vanillearoma
125 g weiche Butter (evtl. laktosearm)

Zubereitung

1 Eine Form fetten. Möhren waschen, schälen und raspeln. Bananen waschen, schälen, in Stücke schneiden und in einer Schüssel mit der Gabel zerdrücken. Mandeln oder Walnüsse unterrühren.

2 In einer anderen großen Schüssel Eier mit dem Zucker verrühren. Dann das Öl zugeben und unterrühren. Beide Mehle mit Backpulver und Zimt mischen. Diese Mischung zur Mischung in der großen Schüssel geben und gut durchrühren, bis keine Mehlklümpchen mehr erkennbar sind. Backofen vorheizen.

3 Möhrenraspel, danach die Bananen mit den Mandeln oder Nüssen in den Teig geben und verrühren. Den Teig in die Form füllen und 50–60 Minuten auf der untersten Schiene im Backofen bei 170–180 °C, Umluft bei 150–160 °C backen, bis der Kuchen braun wird. Noch 5–10 Minuten im ausgeschalteten Backofen stehen lassen. Danach etwa 1 Stunde auskühlen lassen.

4 Puderzucker in eine größere Schüssel sieben. Frischkäse durchrühren, das Vanillearoma zugeben und wieder durchrühren. Nach und nach die Butter in den Puderzucker rühren, den Frischkäse zugeben und alles gut verrühren, evtl. mit einem Mixer.

5 Den Kuchen in der Mitte mit einem scharfen Messer parallel zur Oberfläche durchschneiden. Die obere Kuchenhälfte mithilfe eines Tortenretters herunternehmen und zur Seite legen. Etwa die Hälfte der Creme auf die untere Kuchenhälfte streichen. Die obere Kuchenhälfte vorsichtig wieder daraufsetzen und mit der restlichen Creme bestreichen. Für mindestens 2 Stunden in den Kühlschrank stellen. Erst kurz vor dem Servieren herausnehmen.

Süßes Bananenbrot

Aus Ghana
Schwierigkeitsgrad: für Anfänger
Laktosefrei

Arbeitszeit: 15–20 Minuten
Gesamtzeit: 45–60 Minuten

Zutaten für Rodon- oder Kastenform

Fett zum Einfetten der Form
1 ½ große oder 2 kleine Bananen
150 g Mehl Mix C von Schär oder Maismehl
1 P Backpulver
¼ TL Salz
130 g Zucker
3 Eier
45 ml Öl
evtl. 50–75 g gehackte Haselnüsse

Zubereitung

1 Eine Form (z. B. Rodon- oder Kastenform) fetten. Bananen waschen, schälen, in kleine Stücke schneiden und mit einer Gabel zerdrücken.

2 Mehl mit Backpulver, Salz und Zucker in einer großen Schüssel mischen.

3 Eier und Öl in einem Gefäß verquirlen, zur Mehlmischung geben und mit einem Kochlöffel gut verrühren, bis keine Mehlklümpchen mehr erkennbar sind. Der Teig ist ziemlich flüssig. Backofen vorheizen.

4 Zerdrückte Bananen zugeben und ebenfalls gut unterrühren, je nach Geschmack auch noch die Nüsse.

5 Den Teig in die Form füllen und je nach Höhe des Teiges 25–40 Minuten auf der untersten Schiene im Backofen bei 170–180 °C, Umluft bei 150–160 °C backen. Sehen Sie gegen Ende der Backzeit häufiger nach dem Brot, denn es wird sehr schnell dunkel.

Dazu passt am besten: Salat und Suppen sowie gebratenes und gekochtes Hühnerfleisch

Tipp: Sie können das Brot auch mit Butter bestreichen und anstelle von Kuchen essen.

ANHANG

Adressen, die weiterhelfen

Für alle Informationen zum Thema Zöliakie:
Deutsche Zöliakie-Gesellschaft e. V.
Kupferstraße 36
70565 Stuttgart
Tel: 0711 459981 0, Mo.–Do. 9.00–16.00 Uhr, Fr. 9.00–13.00 Uhr
Fax: 0711 459981 50
E-Mail: info@dzg-online.de
www.dzg-online.de

Für alle Informationen zu den Themen gesunde Ernährung und Lebensmittelkennzeichnung:
aid infodienst Verbraucherschutz, Ernährung, Landwirtschaft e. V.
Heilsbachstraße 16
53123 Bonn
Tel: 0228 8499 0
Fax: 0228 8499 177
E-Mail: aid@aid.de
www.aid.de

Deutsche Gesellschaft für Ernährung e.V.
Godesberger Allee 18
53175 Bonn
Tel: 0228 3776600
Fax: 0228 3776800
E-Mail: webmaster@dge.de
www.dge.de

Für Informationen zum Thema Zöliakie, allerdings aus Sicht eines Herstellers glutenfreier Lebensmittel:
Dr. Schär GmbH
Winkelau 9
39014 Burgstall (BZ)
Italien
Tel: 0800 1813537
E-Mail: info@schaer.com
www.schaer.com

Bezugsquellen diätetischer glutenfreier Lebensmittel

Direkte Einkaufsmöglichkeiten

- Diätabteilungen vieler Supermärkte
- Reformhäuser
- Diätabteilungen verschiedener Drogeriemärkte

Internet-Versandhändler

allergico.net
E-Mail: info@allergico.net
www.allergico-shop.de

extrafood.de
E-Mail: info@extrafood.de
www.extrafood.de

Food Oase
E-Mail: info@foodoase.de
www.foodoase.de

glutenfrei-express.de
E-Mail: info@glutenfrei-express.de
www.glutenfrei-express.de

glutenfrei-supermarkt.de
emtrada GmbH
E-Mail: info@glutenfrei-supermarkt.de
www. glutenfrei-supermarkt.de

gutes-glutenfrei.de
E-Mail: inf@gutes-glutenfrei.de
www.gutes-glutenfrei.de

Hammermühle GmbH
E-Mail: post@hammermuehle.de
www.hammermuehle.de

Hanneforth food for you GmbH
E-Mail: info@hanneforth.de
www.hanneforth.de

naturkorn mühle Werz
E-Mail: Info@vollwertcenter.de
www.wangenmuehle.de

Querfood glutenfrei leben
E-Mail: info@querfood.de
www.querfood.de

Seitz GmbH
E-Mail: glutenfrei@seitz-food.com
www.seitz-food.com

ZEBIAN Gesundkost OHG
E-Mail: service@glutenfreigeniessen.de
www.glutenfreigeniessen.de

zöliaplus.de
E-Mail: kontakt@zöliaplus.de
www.zöliaplus.de

Rezeptregister

Zutatenregister

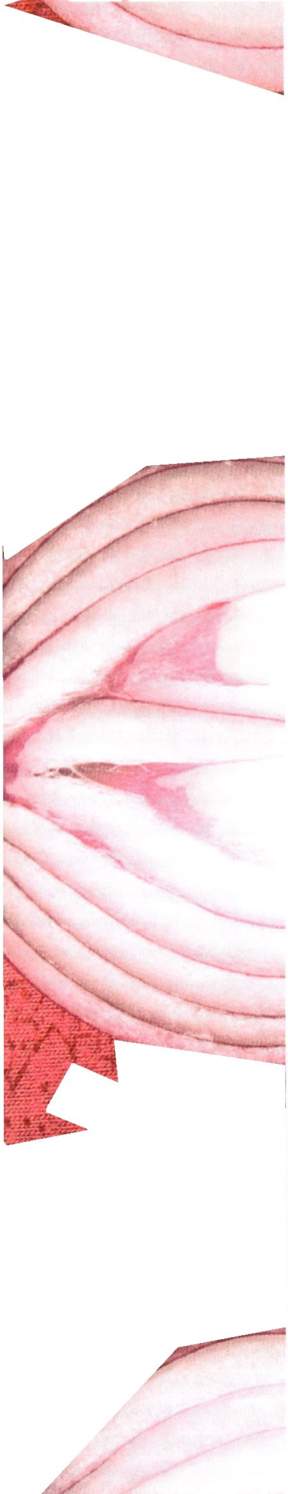

Bibliografische Information der Deutschen Nationalbibliothek
Die Deutsche Nationalbibliothek verzeichnet diese Publikation in der deutschen Nationalbibliografie; detaillierte bibliografische Daten sind im Internet über http://dnb.ddb.de/ abrufbar.

ISBN 978-3-89993-634-6 (Print)
ISBN 978-3-8426-8415-7 (PDF)

Fotos:
Umschlag: Umschlag: Sarsmis – Fotolia.com
123rf.com: Monika Adamczyk: 4; Svetlana Kolpakova: 13; Monticello: 27; Galina Starintseva: 41; Ildipapp: 49; Peter Zijlstra: 58; Margouillat: 67; Elena Elisseeva: 83; Robyn Mackenzie: 99; Antonio Munoz Palomares: 127; Helen Buxton: 133
Fotolia.com: Sarsmis: 1, 125; Fredredhat: 6/7; Maksim Shebeko: 11; Monika 3 Steps Ahead: 16; Brigitte Bonaposta: 19; Teressa: 24; Cora Müller: 35; Barbara Pheby: 43; Manla: 71; Eva Gruendemann: 77, 81, 115; Barbara Pheby: 93; Ravenna: 97; Gudrun: 107; sil007: 141
iStockphoto.com: Daniel Gilbey: 105; Stephan Popov: 146; Endopack: 160
mauritius images: 2/3
MEV: 91
Ingo Wandmacher: 21, 32/33, 37, 39, 51, 55, 63, 65, 75, 85, 89, 95, 103, 109, 117, 119, 123, 129, 137, 139, 149

Hans-Böckler-Allee 7, 30173 Hannover
www.schluetersche.de

Quellen:
Informationsmaterial und Aufstellung glutenfreier Lebensmittel für Mitglieder der Deutschen Zöliakie Gesellschaft
Fatale Darmkrankheit Zöliakie, Spektrum der Wissenschaft, Mai 2010, S. 52–59

Lektorat: Angelika Lenz, Steinheim an der Murr
Layout: Groothuis, Lohfert, Consorten, Hamburg
Covergestaltung: Kerker + Baum Büro für Gestaltung, Hannover
Satz: Die Feder Konzeption vor dem Druck GmbH, Wetzlar
Druck und Bindung: Grafisches Centrum Cuno GmbH & Co. KG, Calbe
Hergestellt in Deutschland.